文學叢刊

姜龍昭著

回祿殘存

文史哲出版社印行

國家圖書館出版品預行編目資料

回祿殘存 / 姜龍昭著. -- 初版. -- 臺北市: 文史哲, 民92
面; 公分（文學叢刊；159）
ISBN 957-549-526-8 (平裝)

848.6 92016807

文學叢刊 ⑮⑨

回祿殘存

著者：姜龍昭
出版者：文史哲出版社
http://www.lapen.com.tw
登記證字號：行政院新聞局版臺業字五三三七號
發行人：彭正雄
發行所：文史哲出版社
印刷者：文史哲出版社
臺北市羅斯福路一段七十二巷四號
郵政劃撥帳號：一六一八〇一七五
電話886-2-23511028・傳真886-2-23965656

實價新臺幣四〇〇元

中華民國九十二年(2003)九月初版

ISBN 957-549-526-8

自序

「回祿殘存」是我家遭遇火災後，出版的一本書。

二〇〇二年七月九日下午，我甫午覺醒來，忽聞隔了一條巷子後的鄰居，高聲喊叫：「呀！你家冒煙了，快來救火呀！」

我走樓梯欲上五樓去察看究竟時，火已著了起來，兒子姜杰緊拉住我，不讓我上樓，我無奈只好打「一一九」電話求援，消防隊的救火車很快就來了，因為要把水龍頭接到五樓屋頂，費了一些時間，而火勢已一發不可收拾，我多年來辛苦蒐購的一些藏書、資料、剪報、雜誌、劇本，甚至珍貴的學業證書、事業證件，都付諸一炬，再也無法找回來了。

我發表的文稿，大部份都已出版了專集，但也有不少零星發表在報章雜誌的文字，喪失了，就再也無法尋覓它們蹤影了，幸「文訊」雜誌，多年來刊登過一些我的作品，承總編輯封德屏女士大力協助，自合訂本中複印了一份給我，便它們像失散了的羊群，又重回到我的身邊。

我自己又仔細的在多種剪報中找到一部份，如今我將之區分為：㈠人生戲劇、㈡歷史文物、㈢戲劇欣賞、㈣廣播劇、㈤追憶往昔、㈥悼念知友、㈦細說流行語、㈧小說散文八大類，歸納輯印在一起，方便讀者閱覽。

其中，發表時，有照片配合者，盡量仍將照片配合，部份畫面翻印困難者，只能刪除。有關「劇評欣賞」部份，八十七年我曾出版過一本「戲劇評論探討」的書，此處蒐羅的，是「續篇」；「廣播劇」，由於九十年起已停播，我曾經寫過一百八十多部廣播劇劇本，此處刊出的是有關廣播劇的文字稿。

「追憶往昔」是回憶當年編寫「長白山上」、「吐魯番風雲」等劇的零星片斷；「悼念知友」是我一生中最要好的知心朋友，他們往生後，我爲他們寫的悼念文字。

至於「流行語」的細說，我孜孜不倦，深入的研究了十餘年，也已出版了六本專集，這裡，蒐集的是第七集的續篇。

最後，是我最少寫的「小說」與「散文」，過去我出版過：「情旅」、「春雷」、「海與貝殼」、「最後的一面」……等四本小說、散文則一部份，蒐集在「姜龍昭選集」中。記得卅八年，我初來台灣時，在「中華日報」海風副刊、新生報「橋」副刊發表過不少散文，因剪貼集燒掉，再去找當年的合訂本，則是非常困難了，卅七年我在大陸「蘇州日報」上，曾發表過不少雜文，還有兩篇長篇連載小說：「愛的苦悶」、「宋長根」，我曾剪貼裝訂成冊，如今已都沒有了，擲筆長嘆向蒼天，奈何、奈何！

「回祿」發生後，我賠償左右鄰居們的損失，眞是災情慘重，超過了一百萬元以上，幸蒙相識的老同學吳東權、范思源、華文第、鄧錦明、吳宗珍、寧廷榮、戴華山、張定成、李思炎、陳謙光、林佩英、趙肅莊、楊桂茹、賴瞀、王少庭等、老長官楊仲揆、老同事劉皇賽、許希哲、蔣子安、何素青、廖旗萱、蔡文甫、彭行才、高前、徐斌揚、夏美華、邵玉珍、夏龢等熱心慷慨解囊相助，還有些未留姓名的教友使我暫渡難關，同時也感到萬分的溫馨與感動，特將此書贈給他們，表示我的謝意。

姜龍昭 寫於九十二年五月卅一日

世界優秀專家人才名典

中國國際交流出版社，近在北京著手編寫出版「世界優秀專家人才名典」即將出版，倖蒙該出版社青睞，將本人列名其中，並寄來該社所蒐集到的本人資料草樣，如附件，希加校對、補充、修正；爲廣交流，茲將該項資料附印如下：

世界优秀专家人才名典

姜龍昭筆名雷耳。一九二八年九月生，籍貫江蘇省蘇州市人。畢業於政工幹校新聞系第一期。曾服務於台灣電視公司任編審，中國電視公司編審組副組長，節目專任製作人，前後歷卅二年，於一九九三年退休。曾任教於國立藝專、世界新專、輔仁大學、政工幹校等校講述戲劇寫作等課程，前後卅餘年，現爲輔仁大學副教授，並當選爲中華民國編劇學會理事長。一九七八年中華書局編印《中華民國當代名人錄》，曾名列其中，另一九九一年中國名人傳記中心編印中英對照之《中華民國現代名人錄》被獲列名其上。十八歲開始文學創作，迄今已逾五十餘年，其作品廣播電台、電視台、舞台劇、電影劇本均有出版、播映。文學著作計有《碧海青天夜夜心》《長白山上》《香妃考證研究》正、續兩集《楊貴妃考證研究》《細說流行語》六冊《姜龍昭劇選四集》《李商隱之戀》《泣血烟花》《飛機失事以後》《淚水的沉思》等共六十二種，上述後四種，曾有英譯合訂本問世。一九五二年即已因編寫劇本，參與比賽獲獎，迄一九九九年共獲得，「中國文藝協會文協獎章」「教育部頒發戲劇類文藝獎章」「軍中文藝電影劇本銅像獎」「青溪新文藝金像獎」「中山文藝獎」「國防部光華獎」「法務部電影劇本獎」二次，「伯康戲劇獎」二次，「金鐘獎」四座，「李聖質戲劇獎」「新聞局最佳劇本獎」「中央黨部華夏二等獎章」「中廣公司日新獎」「行政院衛生署獎狀」「軍中新文藝特別貢獻獎」「實踐研究院獎狀」「文建會舞台劇本獎」「編劇學會魁星獎」「台北市話劇學最佳編劇藝光獎」……等獎勵計五十項，包括獎狀、獎章、獎金等。二〇〇〇年金禧年來臨，特自行劇設「姜龍昭戲劇獎」得獎者可獲五萬元獎金外，並贈送姜龍昭青銅塑像一尊，第一屆得主黃英雄，第二屆得主居留美國之沈悦，第三屆得主高前先生均已贈出。

姜龍昭地址：台灣台北市八德路三段十二巷五十七弄十九號四樓

回祿殘存 目次

二、歷史文物

三、戲劇欣賞

六、細說流行語

一、人生如戲

姜龍昭、柯玉雪住宅火警

兩教會協助善後　後續亟需代禱

【記者王乃純台北報導】名劇作家姜龍昭與本報主編柯玉雪夫婦家中發生火警，並波及鄰居住戶，目前已經開始積極處理善後，並將依據受損住戶的協議，委託專業技師公會鑑定整棟建築物的居住安全。他們夫妻所屬的教會，美仁浸信會與中崙長老教會都表示，將盡力協助他們處理後續的復原工作，必要時也將提供法律諮詢和人力支援。

姜龍昭與柯玉雪位於台北市八德路的住家於七月九日下午，因電線走火發生火警，不僅讓姜家損失非常慘重，並波及附近的鄰居。這次火災共造成四戶人家房屋及裝潢受損，針對善後與賠償問題，相關住戶已於十日晚間召開第一次協調會，決定從今日開始先清理廢棄物，儘早讓受損房屋回復至「堪住」狀況。

同時，因受損住宅爲老舊公寓，爲了確定建築物的安全，住戶們協商後決定，將委請土木技師進行建築物安全鑑定，以確定整棟公寓的居住安全。

姜龍昭與柯玉雪平日分別在美仁浸信會和中崙長老教會聚會，事故發生後，兩個教會的牧者都表示關切。其中，美仁浸信會廖澤一牧師在事發當天即與部分同工前往現場了解狀況，並協助尋找水泥工修補因救火毀壞的屋頂，減輕漏水狀況。

廖澤一說：若有必要，該教會可以支援人力，協助處理善後。同時，該教會可以支援人力擔任律師，雖然不是以處理民事案件爲主，仍可提供一些法律諮詢。

中崙長老教會許榮豐牧師則在昨日下午得知這起意外，並隨即至火災現場，對受損住戶表示慰問。許榮豐也表示，該教會將會提供必要的協助，並爲後續的整修、賠償和法律問題禱告，希望各項復原工作，都能順利進行。

由於整修與賠償所需經費，可能超過姜家所能負擔的範圍，廖澤一表示，該教會將以教會中的救助專款，給予部份協助，同時也會發動弟兄姊妹愛心奉獻，協助姜家一同度過難關。

歡迎各會會友爲此奉獻，美仁浸信會可代收，只要註明奉獻款的用途教會就會將奉獻款轉交給姜家。有意奉獻者，可將款項寄至美仁浸信會，地址爲台北市八德路三段一〇六巷一〇六號；電話：（〇二）二五七九二〇六五

——91·7·12基督教論壇報

四十年的恩典

耶穌說：我就是生命的糧，到我這裡來，必定不餓，信我的，永遠不渴。

——約翰福音六章卅五節

一、

回憶我卅歲以前，年少氣盛，自以為懂得很多。與人談及宗教信仰，就喜歡與人辯論、抬槓。

我不相信，世上有神，有人向我傳福音，我就提出兩件事來反駁。

一、瑪麗亞是童貞女，怎麼可能會生小孩？

二、耶穌被釘死在十字架上，怎麼死後會復活？

往往與人爭得面紅耳赤，不歡而散。

我卅一歲那年，因不能適應南部的海洋性氣候，罹患了「氣喘病」，起先不以爲意，孰知得病以後，每到夏天，深夜就會發病，無法安眠，需要半夜起床，走很遠的路，去醫務室找值夜班醫生打針，才可平息，眞是受盡疾病的糾纏與折磨，最後是住院治療，國防部醫療小組來醫院檢查，認爲我這病患，目前無藥可根治，就辦理「病傷甄退」，讓我離開了軍營。退役後，到了夏天，依然發病住院，醫藥費用自行負擔，躺在陌生的病床，孑然一身，既無人來探視，又無人來關心照顧，嘗盡了天涯游子海角飄零之苦。

民國五十年，我由南部調至台北來工作，這一年夏天，我住入空軍總醫院開刀治病，有三位不相識的婦女，好心來病房傳福音。

其中有一位太太跟我說：「我本來也不信神，因車禍骨折住入醫院，也遇見他們來傳福音，說神是萬能的，只要你相信祂，向祂悔改、認罪、禱告，祂就可以醫治你，我因信了神，結果不用開刀就復原了，爲了報答神的恩典，才大熱天心甘情願跑來病房傳福音。」

我聽她這樣說，內心冷靜的思忖，何必堅持已見，神既如此大能，何不虛心放下成見一試呢？果眞使我不再爲病所苦，不是很好嗎？

就這樣，我在三位太太帶領下，向神認罪悔改，懇切希望神的大能，能治好我的痼疾。

出院以後，我去教堂做禮拜，研讀聖經，神不僅是萬能的，同時也是無所不知，無所不在的，凡求告祂的，祂必使你成全。

民國五十一年母親節，牧師王大衛帶領我去碧潭，在吊橋下，讓我全身浸入河水中，受洗，做了主的門徒。

信主以後，我查閱聖經，發現舊約《以賽亞書》第七章十四節經文：「主自己要給你們一個兆頭，必有童女懷孕生子，給他起名，叫以馬內利。」

原來「童女生子」，聖經早有預言，而先知以賽亞出生在公完前七五〇年左右，距耶穌出生已相隔七百多年，除了先知，誰敢說這樣的「預言」？

至於耶穌死後復活，新約聖經「四福音」更有詳實的文字記載，毋庸置疑。

二、

五十一年十月，台灣電視公司開播在即，公開徵求工作人員，當時因此係新興事業，且有高薪，參加應徵者人山人海，我靠著虔誠的禱告，主讓我順利進入「台視」，錄取爲節目部編審，做我有興趣的工作。

五十八年十月我又進入「中視」，製作電視連續劇。

我寫的電視劇播出後，受到電視觀衆的歡迎，多次被拍成影片，又獲得教育部、文協、中央黨部……等單位頒發文藝獎章、文協獎章、華夏獎章，並獲各大專學校，邀請我去擔任講師、副教授；我大學讀的是「新聞」，想不到，我在大學教的，卻是「戲劇寫作」，而出版社也不斷出版我的著作，主對我的關注與照顧，眞是太多太大了。

一直到民國八十二年十月，我年滿六十五歲，在「中視」屆齡退休，離開了電視界，我在電視界榮獲過四座「金鐘獎」，我製的連續劇：「情旅」、「春雷」、「長白山上」，迄今仍給人留下深刻的印象。

二〇〇千禧年，我爲了回饋社會，個人創設「姜龍昭戲劇獎」，每年頒發一次，得獎者，可獲獎金五萬元，另贈「姜龍昭青銅塑像」一座，像奧斯卡金像獎一樣，可留作永久紀念，已頒出三屆，今年十一月頒第四屆。

過去，我在別人手裡領了六十次以上的獎，一直是個「領獎人」，如今，我已老了，我要改變身份，做一個「頒獎人」，把獎頒給年青人。

三、

回顧以往，信主四十一年漫長的歲月，眞是處處都是主的恩典。

五十一年我進入台視工作時，台視旁邊有一個教會，我就一直在那個教會，參加聚會及主日崇拜，四十一年從未中斷。

這個小小的教會，後來，由教友奉獻建立了教堂，遷移到美仁里，仍是八德路，就名爲「美仁浸信會」，四十一年中，換了好幾個熱心的傳道人，像劉宋淑賢、陳慕川、何清道、廖澤一，都爲它奉獻了心力。

如今聚會的人數，越來越多，牧師就將主日崇拜，分成二批來舉行，像我這樣年老的弟兄，已越來越少，而年青的一代，卻越來越多，使每一次的聚會，都充滿了活力。

神是萬能的，祂不但治癒了我的「氣喘病」，並保守我活了這麼久，四十多年的恩典，決非三言兩語講得完的。

寫於九十二年五月廿二日

我半甲子的戲劇生涯

回顧我這一生，半甲子與戲劇締下了不解之緣，眞是：「戲如人生，人生如戲」。

我十七歲就在報上發表小品、雜文、小說。廿一歲那一年（卅八年）從軍隻身到了台灣，在軍中，先是編壁報、寫標語、後來就開始編寫舞台劇本，在軍中巡迴各防區演出，深受官兵歡迎。記得，第一齣戲叫：「復活」，後來又編「視察員」「寶島之蠹」等劇，是我編劇生涯的開始，廿三歲考進政工幹校，但未修「戲劇」，修了「新聞」，但常與戲劇系的老師、同學接觸，偶然參加軍中、教育廳等公開徵求劇本，累次得獎，還蒙總政戰部出版我的劇本。

畢業後，分發到海軍總部工作，後因患病在軍中退役，四十六年離開軍職後，進入黨部工作，民國五十一年，台灣電視公司成立，開播前，公開徵求工作人員，當時報名之人甚多，經過多次考試，因我曾爲中廣公司寫過廣播劇本，倖獲錄取爲節目部編審，那年我卅四歲，開始寫電視劇，當年編電視劇的人不多，編了幾年我出版了「電視劇選集」單行本，也有編的電視劇本，被當年香港邵氏公司看中，買了版權，拍成電影，我開始編寫電影劇本，因爲酬勞比較高，接連編了幾本電影劇本，也有被中央電影公司採用拍成影片的。

五十八年中視開播，我被邀請轉入中視工作，仍編寫電視劇木，五十九年國立板橋藝專學校邀請我去學校授課，講授：「廣電寫作」、「電影編劇」課程，當時，無此項教材，由我自編講義上課，這樣，我被逼上梁山，開始深入研究「編劇理論」書籍，積多年經驗，我將講義完成了「戲劇編寫概要」，由國立編譯館評定爲「大學用書」由五南圖書公司出版，也成了我自己上課的教材，這本書內容包括：廣播劇、電視劇、舞台劇、電影劇本四大類，書中每一類，都刊印一本我的得獎劇本，那時，我因編劇獲得不少獎，除了中國文藝協會的「編劇獎章」，教育部的戲劇類「文藝獎章」還有因我製作電視連續劇得過四座「金鐘獎」，並有中央黨部發的「華夏獎章」，從民國四十一年開始到民國八十八年，我得了五十項獎，大部分與戲劇有關。

在學校講授「戲劇」課程，從國立藝專、世界新專、政工幹校，到如今仍在教的輔仁大學，我已在大專院校教了卅年書，現爲教育部審定合格之副教授。

人生進入了七十歲，喜歡回顧這一生，我前後獲了五十次獎，如今，應該回饋社會才對，千禧年我決定創設一「姜龍昭戲劇獎」，沒有任何文教機構，或是某基金會支持，我自掏腰包，這一項獎，每年頒獎一次，得獎者可獲獎金五萬元，及姜龍昭青銅塑像一尊，可使得獎者永久保留，此項青銅塑像，我邀請名雕塑家梁銓塑製，因爲我非富有之人，所以獎金不高，但我盼望自己由「得獎人」，開始轉變爲「頒獎人」。今年第一屆得獎人，已評定爲黃英雄，作品是「訂婚鑽戒」，將於本年十二月九日下午二時，編劇學會開一年一度會員大會時由我親自頒發，地點在中央黨部會議廳，因我是「中華民國編劇學會」的理事長。

「姜龍昭戲劇獎」每年頒獎一次，唯限於舞台劇本，有興趣參加者，可向編劇學會索取簡章及申請表格。

有人問我，爲何要限定舞台劇本呢？因爲舞台劇可以超越時空，具有歷史價值。莎士比亞、莫里哀作品，致今仍有人在舞台上演出。再說民國六十五年，我得過戲劇導師李曼瑰教授爲紀念其先翁創辦的「李聖質戲劇獎」，專門徵求「宗教劇本」，李教授是基督徒，我也是基督徒，爲主做工，是應該的。

我太太柯玉雪，原本不贊成我創設這個獎，但後來，爲了達成我的心願，才欣然同念，覺得我是個大傻瓜，有錢不會自己化，何必設獎，後因她也是基督徒，聖經上說：「施比受更爲有福」，她才同意，盼望得獎的劇本演出後，會給社會帶來良好的影響力。

我更盼望有興趣的編劇朋友，多多來熱情參與，使這個獎成爲人人爭取的一份榮譽。垂暮之年，能達成自己的心願，是一件愉快賞心的樂事，來日「訂婚鑽戒」公演時，盼望大家去看戲。

「人生如戲」，我眞高興，我爲戲劇忙碌了一甲子，總算不虛此生，戲劇總是給人帶來快樂的。

——89·11·17青年日報發表

黃英雄「訂婚鑽戒」贏得首屆姜龍昭劇本獎

第一屆姜龍昭劇本獎昨天下午頒獎，劇作家黃英雄編寫的《訂婚鑽戒》舞台劇本贏得今年度獎座，獲頒獎金五萬元及青銅雕獎座一尊。

姜龍昭劇本獎由中華民國編劇學會理事長姜龍昭設立，旨在鼓勵舞台劇本創作，提拔優秀人才。此獎每年六月底前報名，七月評審，十一月公佈得獎名單，十二月頒獎。學會表示，台北地區各戲劇團體若演出新劇本，歡迎將劇本寄交編劇學會，或告知演出日期、地點，學會可派員前往觀賞，避免漏失得獎機會。詳情可洽：02-25785820。

——89·12·10民生報刊出

沈悅榮獲第二屆「姜龍昭戲劇獎」

我於千禧年創設了「姜龍昭戲劇獎」已經兩年了。唯因缺少宣傳，一般知之者不多，特爲之簡介。

第一屆「姜龍昭戲劇獎」我頒給了此間的劇作家黃英雄先生，他得獎的作品是：「訂婚鑽戒」，曾由劉華女士領導的「可樂果劇團」，在台北演出過，頗獲各界好評。

「姜龍昭戲劇獎」得獎的作品，限於國語舞台劇。兒童劇、音樂歌舞劇則除外。得獎者，可獲獎金伍萬元及姜龍昭的青銅塑像乙尊，獎金由我私人支付，並無任何團體補助或贊助，我創設此項獎的目的，旨在鼓勵大家創作優良的舞台劇本，振興劇運。

第二屆「姜龍昭戲劇獎」得獎作品及名單亦已評定，由旅美多年的劇作家沈悅女士獲得，她的作品名叫「戀愛一籮筐」，曾在美國加州、華盛頓、新澤西州、北卡羅拉多州等地，由華僑話劇團演出，普獲好評，該劇是一時裝寫實喜劇，內容十分清新活發可喜。

按沈悅女士，國內劇壇對她可能略爲陌生，這裡也給大家略作介紹，她畢業於台大化學系，後又入美加州理工學院，獲化學碩士學位，從事化學研究工作十年，六年前曾返國參加我所辦理之「編劇研究班」學習，不久就嶄露頭角，一九九六年榮獲台視公司主辦之「陳香梅戲劇獎」，返美後因參加華僑受好戲劇人士組成的話劇社團邀請曾編寫過「夫差與西施」等歷史舞台劇，如今已是海外華僑劇壇不可少的編劇專材。

沈悅女士之文才，得之於家學淵源，她令尊沈劍虹先生，是我國前外交部長、駐美大使，母親魏惟儀女士，更是文壇知名之女作家，曾寫過舞台劇本「始皇末日」由時報文化公司出版，此外散文作品、兒童文學作品亦有多次出版問世，她的舅舅魏景蒙先生，曾出任新聞局長及中廣公司董事長，惜已去世。她獲獎可謂「實至名歸」。

「姜龍昭戲劇獎」，每年舉辦一次，凡已完成之舞台劇本，適合二小時演出者，不論曾否演出過、曾否出版過，只要符合規定，均可參加應徵，每年六月底截止收稿，歡迎愛好舞台劇寫作的朋友，能與我聯絡，勿錯失良機，我現爲中華民國編劇學會理事長，地址是台北市八德路三段十二巷本十七弄十九號四樓，欲索取簡章，附上回郵信封即寄。

第二屆「姜龍昭戲劇獎」已定於今年十一月間編劇學會召開一年一度的會員大會時，公開隆重頒發，屆時，歡迎社會各界人士，前往觀禮。

——90·9·30青日年報發表

高前「豆腐坊辦喜事」獲第三屆「姜龍昭戲劇獎

第三屆「姜龍昭戲劇獎」，由資深劇作家高前先生獲得，作品是「豆腐坊辦喜事」，又名「鐵牛與三個女人」，是一充滿鄉土氣思的喜劇，文化大學戲劇系同學，有意將之搬上舞台演出。

高前先生，河北任邱人國立劇專畢業高材生，過去曾任演劇一隊隊長、藝工總隊編導、台視、中視基本編劇，卅八年迄今，他已編寫過廿五本舞台劇本，五百多本廣播劇本，二百多本電視劇本，曾獲編劇學會頒給「魁星獎」、中國文藝協會文藝獎章，國軍新文藝委員會金一銀、銅像獎，出版過「他還會再來」廣播劇選集。在戲劇界，大家都尊稱他是「高老前輩」。

丁衣「台北人家」獲第四屆「姜龍昭戲劇獎」

丁衣先生是國內知名的劇作家之一，他浙江縣人，民國十四年出生，畢業於上海三吳大學曾任戲劇三隊組長、隊長等職、藝工總隊編導、編寫舞台劇本卅餘齣、廣播劇本六十餘齣、電視劇本四百餘齣，是多產的劇作家。

他編寫的舞台劇：「陽春十月」、「春蠶」、「洋鳳與土龍」都膾炙人口，「台北人家」是他近年的新作，描述一戶人家，母親生了二女一男，均已長大，兒子在美國居住，邀母親前往享受天倫之樂，但與洋媳婦相處無法適應，還是返回台北與女兒住，大女兒已出嫁，小女兒才大學畢業，母女之間相處融洽，那知女婿發生了婚外情。是溫馨的倫理喜劇。

今年十一月編劇大會時頒獎。

傻瓜姜龍昭

——創設了第一屆「姜龍昭戲劇獎」

柯玉雪

民國卅四年，他在蘇州報紙上發表雜文、小說、散文和長篇小說連載。卅八年他隻身到了台灣，在這一年，他在軍中開始編寫了好多齣舞台劇本，巡迴南部各地演出，迄今匆匆已五十年。

民國四十一年，他寫的舞台劇本就得台灣省教育廳劇首本獎，同年，他的另一劇本，獲得軍中總政治部出版單行本。這些年來，他已得了五十次獎，出版了六十本書。第六十本書，是八十九年出版的。第五十次獎，是今年六月新聞局頒發的「劇本優勝獎」。

在台灣戲劇界，有這些成績的人，不多。

我與龍昭結婚十多年了，這一段相處的歲月，他有許多改變。例如，新婚時，他聽我彈鋼琴覺得「愈聽愈好聽」，到現她的心情欠佳時，就覺得「愈聽愈頭痛」。他的形象從健步如飛，到步履蹣跚。時間讓一切似乎都變了，唯一沒有變的是他對戲劇創作的熱愛。

從事戲劇寫作五十多年來，他得過不少獎，其中，唯一使他印象深刻的，是他從戲劇導師李曼瑰教授那兒領到的「李聖質戲劇獎」，李教授生前是立法委員，也是虔誠的基督徒，他的先翁李聖質生前是一位牧師，李教授晚年特爲之設立「李聖質戲劇獎」，專門徵求宗教舞台劇本，第二屆頒獎時他得過該獎，之後李教授去世，這個獎就沒有再頒了。

民國五十一年，他受洗成爲基督徒。他就想等他老了，也要回饋社會設一個戲劇獎，鼓勵大家創作舞台劇本。多年來他一直有這個心願，希望從「領獎人」升格爲「頒獎人」，所以，就創設了「姜龍昭戲劇獎」，在公元兩千年決定十二月頒出第一個獎，由編寫「訂婚鑽戒」的作家黃英雄獲得，以後每年頒發一次。

爲什麼只頒獎給舞台劇本呢？因爲舞台劇可以超越時空，禁得起時間的考驗。他創作過廣播劇、電視劇、舞台劇和電影劇，每一項都得過獎，但他覺得廣播劇、電視劇播完後就消失了，電影劇本因爲有拷貝保存，多少年後可以老片重演，但看的人並不多。而舞台劇不然，莎士比亞的劇本幾百年後，仍有人演出，曹禺《雷雨》，隔了五十多年，仍有人演出。龍昭編的舞台劇曾在全省各地和香港、菲律賓上演，其中《一隻古瓶》、《多少思念多少淚》、《眼》和《金蘋果》等舞台劇，過去大專話劇比賽學校劇團很多團體演出過。

但因爲他沒有雄厚的財力，所以第一屆只選一名，除頒發獎金五萬元，爲了頒這個獎的獎座，他特別找名雕塑家粱銓，塑製以他爲模特兒的藝術獎座，每尊造價不貲。記得有一次我去領某個文藝獎，在領獎現場親眼目睹一位得第一名的七八十歲老先生，他領了獎金，卻將他的獎座留在座位，沒有帶走。當別人提醒他時，他居然說：「那是空的、騙人的」，不屑一顧的走了，後來主辦單位了解情況後，只好把獎座收起來。

因爲有這次的經驗，使我覺得龍昭眞是很傻，但也傻得可愛，我就是欣賞他這種對理想執著的傻氣，才會選擇跟他生活在一起。雖說，在文壇上甚麼樣的人都有，不要說有人對獎座不屑，有的文人根本不把任何獎放在眼裡；從營造社會整體的藝術氣氛，帶動善良風氣來說，多設一個舞台劇創作獎，確有鼓勵後進多多創作優良作品的正面意義。

說實在話，龍昭並不是很有錢的人，他以前得獎領的獎金，大半已經花在他所生的幾名子女受高等教育身上，其中兩位均得了碩士學位。

他從中國電視公司編審組退休之後，除了在輔大兼兩小時戲劇課，沒有固定收入，這些年來寫一些廣播劇，和「細說流行語」考據文章。但要領這些稿費還需等播出或刊出一個月後，且文章又不是每天都刊，廣播劇也不是經常播他的劇本，收入相當有限，我們過的生活只是很普通的基本樸素生活。

過去，他因趕劇本曾胃出血，近兩年他又因爲長期伏案寫劇本長骨刺、肝臟有障礙、加上牙痛、過敏等身體病痛，幾乎天天看醫生。有時一天看兩次醫生，吃很多種藥，花了不少錢。我們的兒子姜杰，現在才國中一年級，正需要用錢。我爲了照顧這一老一小，在基督教論壇報擔任副刊主編，有一份微薄薪水，他預定頒的獎金比我的薪水還要多，如果以我粗淺的想法來說，我寧願他不要設立這個獎。

然而，他這輩子就剩此心願未完成，如果不完成會有遺憾，而此舉是回饋社會的公益善舉，期待在未來能有良性的循環。聖經上說：「施比受更爲有福」，所以也就樂見其完成他的心願。我只希望，得這個獎的人寫出的劇本，眞的能帶給社會正面而良好的影響力，那就不辜負他創設這個獎的美意了。

——89·12·9青年日報發表

在廣播中埋首耕耘

柯玉雪和她的作品

七年的空大進修苦讀。使得柯玉雪在創作上皆有豐富的斬獲。

柯玉雪，一九六五年生。嘉義縣義竹鄉人。
空中大學全修生。現專事寫作。
曾獲國軍新文藝金像徵文廣播劇本佳作獎、小說獎等多種獎項。
著有廣播劇選集「錦瑟恨史」，
廣播劇評論集「廣播論叢」，及雜文集「爬蟲與人生」。

柯玉雪，是個在農村中長大的女青年。她父母務農維生，前後生了五個女兒，沒生一個兒子，她是屘子，幼時，父母都叫她「豬尾仔」，希望她長大後，能有所作爲，爲父母在親友兄弟面前，爭一口氣。

她父親耕作後，喜歡喝一點酒，酒後常對她們姊妹們說：「輸人不輸陣，不要因爲是女的，就甘願被人看輕。」

因此，她小學讀書的時候，就非常的用功，經常考第一名，拿獎品、獎狀給父親爭光。

愛聽廣播劇

十六歲那年，她就離開了家計負擔沉重的父母，離鄉背井隻身到台南去半工半讀，租住在兩坪大的斗室中，除了分期付款自購的國產鋼琴外，就是一張床，一個書桌及一架收音機，每日忙著上班、上課、練琴之外，唯一的娛樂，就是收聽廣播劇。

課餘，她愛上了文藝寫作，經常在「南市青年」上發表作品，認識了在師大任教哲學的張起鈞教授。

七十五年她高職畢業，北上考取了空中大學，準備繼續苦讀，爲了想學習寫劇本，她購買了一本我編著的「戲劇編寫概要」大學用書，並誠懇的向我請教，這樣我倆得以相識。

勤讀戲劇理論與作品

雖說，年齡上我們有一段距離，但因志趣相投，交談投緣，終於相愛結成了夫婦。從此，她跟我年輕時一樣，瘋狂的迷上了戲劇的創作。婚後，她除了熟讀我多年來蒐藏他人出版的劇本，更廢寢忘食的閱覽了不少有關戲劇理論的書籍。更重要的是，我不時帶她同去看電影，租經典的錄影帶，觀賞舞台劇的演出，週末、週日，一起收聽電台的廣播劇，平時收看電視單元劇、連續劇。多半在看完或看畢一齣戲後，兩人經常作深入的研究討論，有時，我也將自己編劇多年的經驗，透過實例傳授，在七年的潛移默化中，她比別人學到了更多的編劇絕招。

七十六年六月，她寫的第一本廣播劇本：「助聽器的妙用」，獲得中廣公司採用，接著又逐年參加：文建會、師大人文中心、中國青年寫作協會、中國廣播公司等單位舉辦的各種長、短期的「文藝寫作研究班」，學習如何寫劇本外，還學習如何寫散文、小說、現代詩。

另外，在空中大學的進修，苦讀了七年，給終未有中輟，讀了好幾書櫥的書，終於她的努力沒有白費，先後參加了各種不同的徵文比賽，都有豐富的斬獲。

充滿活力

八十一年六月，她出版了第一本書「錦瑟恨史」，是她寫的廣播劇選集，獲得名作家蘇雪林教授的推荐，親自爲之撰寫序文。臆想不到，該書出版沒多久，就銷售一空，並意外的獲得海峽對岸大陸的迴響，在四川大學任教的王世德教授，特寫書評，在報間發表。

八十二年七月，她又將寫作十年來，在各報紙所寫的散文、小說、現代詩，結集出版了一本「爬蟲與人生」的單行本；空大任教的沈謙教授，救國團的李鍾桂主任，都爲她撰寫序文，認爲是充滿活力的好書。

作者與柯玉雪合影於蘭州「黃河之母」石像前。

同時，她又將這一、二年守在收音機畔，收聽他人的廣播劇，所寫的劇評及廣播節目的評論，連同「天下第一樓」等舞台劇評，出版了一本：「廣播論叢」，這本一般人看作「冷門」的書，卻意外獲得中廣董事長關中先生的青睞，認爲對於研究廣播及有心學廣播的人來說，是一本值得參考的好書。

柯玉雪婚後，隨我去了韓國、日本，出席「中韓作家會議」，也陪同我去了大陸的上海、北京以及敦煌莫高窟、新疆喀什等地。今年八月間，又將隨我同去加拿大艾德蒙頓出席亞伯特大學舉辦的「台灣／亞伯特作家研討會」，在多次的旅行，中，她充實了不少人生經歷，在未來的日子，我相信她會有更好的成果貢獻給大家。

——八十二年十月「文訊」雜誌96期發表

二、歷史人物

談國寶外流與歸宗

一

許多中外的觀光客，或是來華訪問的國際友人，到了台灣，都喜歡參觀「故宮博物院」蒐藏的中華文物，大部份人看到陳列的「翠玉白菜」及「豬肉玉」，都會讚賞不已。殊不知中國這一歷史悠久的文明古國，有許許多多比這更寶貴的寶物，流露在海外異國，鮮爲人知，眞令人不覺喟然長嘆。

在英國，黎東方博士說：「在英國的大英博物院，有一匹玉雕的馬，高二尺八寸，長四尺三寸」。這是當年清乾隆皇帝的寵臣和珅家中私藏的財物，後因被賜死，抄沒充公。這匹玉雕的馬，並不會飛，如何能飄洋過海，從滿清王朝的庫房裡，進入了英國的博物院裡去呢？……原來，這是「八國聯軍」時，英國軍人掠奪去的「戰利品」。

在法國，有一個盡美博物館，蒐藏有郎世寧與金昆、丁觀鵰、丁觀鵬、吳桔、余熙璋、程志道、李慧林、程梁、盧湛、陳永價等十一位畫家，歷時多年，共同繪製的四大長卷「木蘭狩獵圖」，民國六十五年，曾有此間「雄獅美術」月刊，派記者赴該館拍攝了該圖之照片，據該館表示，此四大長卷的圖畫，是當年法國胡雷將軍(Henri Nicalas Frey)，於英法聯軍之役，攻入圓明園後，所帶走之「戰利品」，在其逝世前立下遺囑，贈送給法國政府。最初收藏於羅浮宮博物館。抗戰勝利後，我爲戰勝國，列入四強之一，法國爲戰敗國，爲恐我國之追索，才移送至盡美博物館珍藏。

在日本，東京之京都博物館，蒐藏有郎世寧所繪乾隆與香妃的「扈蹕閱鞠圖」，這一長長的橫卷，在日本之「美術雜誌」上，曾刊出有黑白之全圖照片，另在「中華帝國之崩壞」之畫册中，刊出局部之彩色圖片。此外，在藤井齊成的「有鄰館」，蒐藏有郎世寧所繪乾隆與香妃的「御苑春蒐圖」，圖中乾隆與香妃騎著馬，準備去行圍打獵，穿的是獵裝與戎裝，很多畫報均有刊出此畫之局部照片，上述兩圖係郎世寧所繪「海西八珍」中之「二珍」，極爲珍貴，亦爲日本人掠奪去的「戰利品」。

在俄國，可能蒐藏我國之「珍寶」，也不在少數，唯鐵幕深垂，我無法探索到一些有關於此的「資訊」。

二

探討「中華國寶」，何以會流落到異國去，除了戰爭被他國奪去的「戰利品」以外，尚有下列的諸項情況。

其一、一些外國的歷史學者，考古專家，以及骨董的蒐藏家，對於中國的一些古物，十分重視其歷史價値，與藝術價値，均視作「稀世的珍寶」一般，願意不惜重金來蒐購，而國人往往爲了貪財、短視，把祖先留下的這些「無價之寶」，視作一般的「有價物品」一樣，輕易的予以出售，這是造成「國寶」外流，最主要的一個原因。

其二、在多項中外戰爭期間，中國總是戰敗者，有些擁有「國寶」的民間人士，有時爲了保全性命、生存，多半在脅迫下，忍痛含淚，將藏有的「寶物」，拱手移送外人。在八年中日之戰時，更有一些無恥的漢奸，爲求升官發財，將「國寶」視作討好日人之「禮物」，或暗中向日人私通消息，讓「國寶」被日人強搶掠奪而去，談之令人痛心。

其三、由於無知。胡適博士稱，在中國的敦煌，有一「千佛洞」，洞中雕刻了不少佛像，也隱藏了不少五世紀至十一世紀間之「經卷」，外間鮮有人知道，到了十九世紀時，住在山洞的一位「王老道」，有一天，無意間，發現石洞中巨幅壁畫後面，好像有一道隱密的門，他運用了一些工具，終於把密門打開了，發現門後密室內，藏了一大堆古時的佛經。王老道本人並無什麼知識，就告訴前來禮佛的香客信徒們說，那些經卷可以治病，頭痛的病人前來求醫，他就把佛經撕下幾張，燒成了灰，給病人服下治頭痛，消息傳了出去，求醫的病人絡繹不絕，王老道可因此發了財，到一九〇七年，英國探險家史坦因，聽說敦煌有「古經治病」

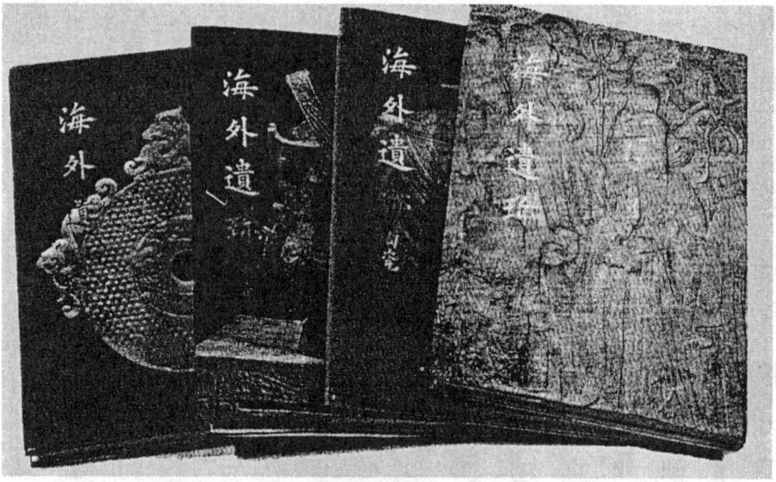

中國有許多珍貴的文物至今當遺流在海外。

的傳說，就專程來到敦煌，以七十兩銀子，買了一大車佛經，運回英國，如今還在「大英博物館」展覽著。以後，又有法國漢學家伯希和，他聞風而至，向王老道也購買了一部份，運回法國去，中國的「古物」，被無知的王老道，三錢不值二錢的賣給外國人，當時的滿清政府，也不聞也不問，能不感慨系之。

三

八十年七月廿一日，年高德劭的蔣夫人宋美齡女士，於「故宮博物院」主辦的「中國藝術文物討論會」上，發表了一篇鏗鏘有力發人深省的演講，她語重心長的說：「清末義和團之亂時，被搶奪的國寶文物，以及日本在中日戰爭中，所攫取的私人收藏，也該歸還給其合法持有之中國人。」

蔣夫人的這一番宏言讜論，不僅政府有關當局，應予重視，故宮博物院的主持者以及國人，對此「國寶歸宗」之課題，更應深切而又熱烈的予以探討才對。

最近，「聯合報副刊」於八十年十月廿二日發表了一篇我寫的「杜絕國寶外流」的文章後，意想不到，收到一位遠在德國的讀者林立先生寫給我的一封來信，可見「國寶外流與歸宗」的問題，即是遠在海外的中國人，也是十分關心與注意的。茲先將林先生的信，摘錄如下：

「姜先生大鑒：有感於您在聯副發表的文章『杜絕國寶外流』寫信給您。

中國人不但應杜絕國寶外流，更應把近百年來，國家慘遭侵略時，被劫奪的國寶，要回來。如果您同意這一點的話，是否可以請您幫個忙。

中國在被日本侵略時間，大量文物遭到劫奪。五十年過去了，台北的故宮博物院，似乎連張「清單」都沒有。

今年八月，從美國加州大學物理系一位華人教授處，我得知日本的協和銀行，有印『清冊』，書名如下：

中華民國わりの掠奪文化財總目錄

冊別：中國戰時文物損失數量及估價目錄凡例

中國戰時文物損失數量及估價總目

中國戰時文物損失數量及評價額目凡例

對日賠償文畫集(Documrnts Concerning Japanese ReOarations)(共四卷，賠償廳外務省共編。昭和廿六年四月，勝野康助序。協和銀行調查、賠償廳賠償部長。)

據那位教授的夫人說：『那些被劫走的文物，都藏在東京的皇宮裡，並未對外展覽。』他去北京故宮時，曾看到日本還給中共的一件文物：是一個銅器(周朝的鼎？)雖只是一件，但凡事總要有個開始。(另外一件追回來，現存台北故宮的文物，是蘇軾的「寒食帖」)

就算中國人『慷慨大方』『既往不究』，這些文物，一概不要了，至少也該在自己國家被強姦侮辱了之後，搞清楚被搶走了那些東西，您若有通日文的朋友，也許可以請他們趁去日本之時，找那幾本清冊，拷貝一份。我個人因不通日文，再加上工作之故，能力不足，實在只是心有餘而已。

每當我聽到蘇聯要歸還德國當年從德國劫走的文物的消息時，心中都很不是滋味。中國遭受了如此大的劫難，可是似乎沒有中國人注意這件事，是何道理呢？祝

撰安

讀者林立敬上　八十、十、卅、」

接到這樣一封陌生海外讀者的來信，我內心爲此迴響，興起了無限的欣喜。中國人的熱血，是可以交流在一起的，我再度希望國內的專家學者，共同來關注此一「國寶外流與歸宗」

的課題，同時也盼望政府有關部門，依照林立先生提供的線索，向日本方面透過外交途徑，先找到這份「清册」，予以翻成中文，然後，再請其能早日予以歸還我國，猶如蘇俄將自德國劫走的文物，歸回給德國一樣。

當然，到了老虎嘴裡的一塊肉，要它吐出來，是很不容易的，但若是全地球的中國人，都有這份心，大家透過各種不同的管道，鍥而不捨的不斷努力，也許也有成功的一天。「千年的雨水，可以滴石成洞」，這並不是奇蹟，我與林立先生，都抱有這樣的期望與信心。

四

我於十一月廿七日，給林立先生寫了封回信，想不到很快的收到他的第二封來信，並摘錄補充如下：

「姜先生大鑒：來信收到，既然有反應，我就寫第二封信了。我在大學是學『物理』的，後來去美國加州大學聖地亞哥分校，攻讀博士學位，主修『理論高能物理』，兩年多前畢業，即赴德國繼續從事物理研究。我目前只會講一點德文，平時都是以英語和同事交談。我在業餘時間，關心所有和中國有關的事。感謝您嘗試將我的意見發表俾引起重視。記得幾個月前蔣夫人在故宮的一項研討論上，也提到類似的問題，但是國府『外交部』及『故宮』的反應，實在是令人十分失望。看來又得先由民間努力了。

當初加州大學的程眞一教授將那幾本書，交給我時，是希望我轉交給紐約的『對日索賠中華同胞會』，請他們設法。程教授於三年前，就請他們作，後來一直沒有下文，才要我再問問看。後『索賠會』的人回信説：『過去缺乏進展，很慚愧，現在會請人即刻去作。』不過，他們目下正要舉辦在十二月十三日的『南京大屠殺遇難同胞追悼會』，很忙。明年八月，又要協辦在南京的『第二屆近百年來中日關係研討會』（能否如期舉行，尚在未定之數。）未必眞的有空；況且，他們都是業餘義務工作的，在專業領域內，可能也缺乏足夠的知識能力，能夠幫忙，我才想到再另外找人。（反正殊途同歸，多找些人無妨）正巧在「聯副」上看到您的文章，我就寫了封信試試看了。

你平時和同行（或同好）朋友聊天時，也可以提出來呼籲大家重視，如果有人眞能幫得上忙，就太好了。

被撿走的文物，能否要得回來，目前言之過早，但是，老天爺，至少要理出一份『清單』來，中國人不能再糊里糊塗的過下去了，台北的『故宮』，居然沒有『清單』，已是嚴重失職。

三個月前，得知蘇聯要歸還德國在大戰末期搶走的文物，已使我覺得不是滋味。

今年上半年，和倫敦大博物館東方古物部門約好時間，專程去看顧愷之的『女史箴圖』，該畫因保存不易，每年只展出很短的一段時間。當我在五月十七日下午三時，在該博物館貯藏室親眼看到那幅流落異鄉，保存至今中國最古老的人物畫時，內心的感受，實非言語文字所能形容。

可是，在台北看到的『英倫導遊手册』，中提到『大英博物館』時，卻都未提及這幅畫。爲什麼？是怕會損害中英兩國的關係嗎？還有，『聯副』編輯在訪問瑞典學者羅多弼，提到瑞典早年從中國搶走的文物時，羅多弼竟然避重就輕的說：『文物嘛？很珍貴，如果放在中國，瘋狂的紅衛兵，會使他們都不存在。』

大陸文革時間，瘋狂的紅衛兵，確破壞了不少中國自己珍貴的文物，這是令人痛心的事實；但是並非所有的文物，全被破壞。而且文革已經過去，何況以此規避文物的歸屬權，並隱然有將此種劫掠行爲合理化的傾向，這是十足的『強盜哲學』。

今天，中國人應該站起來大聲說話，大陸貧窮，很多人爲了生活而奔波，所以一時無暇顧及這些事情，我可以理解，但是，以台灣的富裕，卻還是這樣無動於衷，缺乏對中國的一份責任感，這就說不過去了。

德國目前氣溫是攝氏二度，但畢竟因靠近北海，不是冷得很厲害，現在大陸東北可能已經零下了。祝

研安

林立上八十、十二、四」

五

從林立先生的第二封來信中，我們知道他在德國從事的是「高能物理」研究工作，雖身在海外，卻念念不忘關心中國的文物歸宗，這份愛國的責任感，實在令人敬佩。

其次，他在信中提及了加州大學程眞一教授，也是熱心的愛國者，還有紐約的「對日索賠中華同胞會」的工作同仁，雖是業餘義工，仍不辭辛勞的爲索還中國的文物，貢獻出心力。

我們深知，要把搶走的文物討回來，不是一件易事，但林立先生說得很對，我們至少要有一份「清單」，希望透過本文的發表，我們大家一齊來努力，達成這一最起碼的願望。

林立在信中，提及他在「大英博物館」看到了一幅顧愷之先生的「女史箴圖」，他對台北出版的「英倫導遊手册」中，未提及此畫，表示疑問？事實上，大英博物館中藏有不少中國的寶物，大部份是英法聯軍攻入北京城後所掠去，我們外交當局，似亦應透過外交途徑，請他們給我們一份「清單」才對。

按顧愷之女士，是我國東晉時的一位名畫家，江蘇無錫人，字長康，小字虎頭，當年「淝水之戰」中大敗苻堅百萬雄兵的征討大都督謝安，就認爲顧愷之是他有生以來，最讚佩的一名大畫家，世人稱顧愷之有三絕：才絕、畫絕、癡絕。她博學善畫，嘗爲桓溫及殷仲堪參軍，她的畫，距今至少有一千六百年以上的歷史，不知林立先生當時有否拍下照片，我們身在台灣，若能見到此畫之照片，也當感到幸運。

最後，林立先生提到瑞典學者羅多弼的談話，認爲是十足的「強盜哲學」。原來一向表揚文化頒發諾貝爾獎的國家，也在中國搶走了不少非他們所有的文物，而不想歸回，眞可說是「天下烏鴉一般黑」了，由此，也可看到「中華文物」之珍貴與可愛，難怪到了外國人的手裡，誰也不想歸回！

如今大陸貧窮，台灣雖是富裕，但因侷促於海角一隅，縱然大聲疾呼，減破喉嚨，外人也不一定會理會我們的請求，但至少我們不能放棄這份「責任感」，一旦，中國眞的統一了，這筆賬，我們還是要好好的清算一下。

（本文發表於八十一年四月「文訊」革新號第卅九期總號78期）

楊貴妃考證研究

楊貴妃——中國四大美女之一，史書上都記載她是在馬嵬坡兵變時，被賜死縊殺於佛堂。但過了幾個月，唐明皇再經該地，有意爲之隆重改葬，卻發現埋屍處是一空穴，僅有香囊一枚。白居易寫的〈長恨歌〉，亦有「馬嵬坡下泥土中，不見玉顏空死處」之詩句，楊貴妃究竟死於何處？一千多年來，始終是個難解之謎。

作者深入研究這一課題，參閱了不少有關楊貴妃的傳記、史料，並親自去到日本楊貴妃之墓地造訪，日本人稱之爲「五輪塔」。據作者考證，楊貴妃是坐船去日本途中，遇風浪，船沉沒改搭救生小艇，漂流到日本的山口縣大津郡油谷町的久津小漁村靠岸，隨之一起逃亡的四名宮女，因貴妃在海上漂流得病，靠岸後因不諳日語找不到醫生，就死在該地，四名宮女見貴妃一死，又無親友在日本，就一起殉葬，埋在該處，故名「五輪塔」。

該處還有二座佛像，是唐明皇得知貴妃死在日本，送去的「鐵證」，故該處又名之爲「二尊院」，全書十餘萬字，有詳細的說明及圖片以爲佐證。

本專欄與警察廣播電台同步播出，請收聽全國交通服務網FM一〇四·九兆赫，每日上午九時二十五分及晚上九時四十分。

——92·3·15中央日報發表

李白與楊貴妃

唐朝大詩人李白，原籍甘肅秦安，後隨父遷至四川江油青蓮鄉，故號青蓮居士，他廿五歲離川，長期在他鄉漫游，體會生活經驗。擅長吟詩作賦，才氣橫溢，又好行俠仗義；天寶元年，他四十二歲時，在道士吳筠推荐之下，進入朝廷，任翰林供奉。

這一年，宮中的沉香亭前，牡丹花盛開。唐玄宗就說：「我希望配合名花和貴妃，做一首新的樂曲。」當即派遣高力士前往李白的住處，請李白來完成。當時，李白正喝得醉醺醺，但他接奉聖旨後，立即有了靈感，立即吟詠三首「清平調」，交由高力士帶回去，玄宗就將「清平調」讓樂師譜曲，命令當代第一歌手李龜年演唱，一曲唱罷，餘韻盎然。楊貴妃將西涼進貢來的葡萄美酒，倒入杯中享用。唐玄宗親自吹奏玉笛，與之唱和。

李白的「清平調」，詩句如下：

雲想衣裳花想容，
春風拂檻露華濃，
若非群玉山頭見，

會向瑤台月下逢。
一枝濃豔露凝香，
雲雨巫山枉斷腸，
借問漢宮誰得似，
可憐飛燕倚新妝。
名花傾國兩相歡，
長得君王帶笑看，
解釋春風無限恨，
沉香亭北倚闌干。

當大家在爲「清平調」詞曲叫好時，宦官高力士悄悄地在楊貴妃的耳邊說：這首詩的第二段中，李白將楊貴妃比喻爲趙飛燕，殊爲不敬，因爲漢成帝，就爲了這愛姬，蠱惑了十餘年，最後暴疾而崩，送了性命。

楊貴妃聽了高力士說的讒言，對李白就心裡有了疙瘩，認爲李白怎可將她與趙飛燕來比。從此，唐玄宗好幾次讚賞李白的才氣，楊貴妃總是嗤之以鼻，李白在宮中待了不到三年，就被逐出京城。天才詩人，從此鬱鬱不得志，不到六十一歲，就喝醉了酒，要捉水中的月亮，沉江而死。

若干年後，有人就說：李白太笨了，何必把楊貴妃比做趙飛燕呢？

事實上，這件事還有幕後消息，原來，高力士來到李白家中，請他寫詩，正巧李白喝酒喝得迷迷糊糊，他把高力士視作一般的宦官看待，命令他爲之脫鞋，好尋找靈感，高力士是唐明皇的心腹，曾封爲「驃騎大將軍」、封「渤海郡公」，當年，肅宗還未接王位做太子的時候，曾先事高力士，玄宗其他諸王、公主等均呼高力士爲「阿翁」，駙馬爺等呼他爲「爺」，想不到在李白面前竟被視爲下人一般使喚。於是懷恨在心，在貴妃娘娘面前說他壞話，誤了他一生的前途。

俗語說：「閻王好見，小鬼難纏」，從另一角度來看，李白把楊貴妃比做趙飛燕，讚賞她的美可與趙飛燕媲美，人們常說：「燕瘦環肥」，各有各的美，漢成帝喜歡趙飛燕，唐明皇就愛楊貴妃呀，但在高力士，口中就變了樣。

——91·9·29青年日報

李商隱戀愛的對象

李商隱，字義山，又號玉谿生，是晚唐一位極出色的大詩人，他的詩沉博絕麗，獨闢蹊徑，淒美婉約，雋永清新，〈錦瑟〉一詩中：「此情可待成追憶，只是當時已惘然。」千餘年來，受人喜愛傳誦，歷久彌新。

他一生坎坷，經歷晚唐政治上朋黨之爭的傾軋，可謂在夾縫中求生存的折磨；在情愛方面，雖娶了王茂元的女兒，但又似隱藏了一些難言的苦衷，並不快樂。他生前留下的「艷情詩」、「無題詩」，綺麗而淒美，婉約而不膚淺，唯戀愛的對象，究竟是誰？始終令人困於索解，難以猜透。

關於李商隱之生卒年月，過去也有多種不同的說法：有人說他活了四十一歲，有人說他活了六十二歲，也有人說，大約是六十多歲。據我所查到的資料，在明朝研究《玉谿生詩箋》者，有錢龍惕一人；在清朝研究《李義山詩箋》者，有：朱鶴齡、吳喬、陸崑曾、姚培謙、屈復、程夢星、馮浩、沈厚塽、紀曉嵐等九人；民國以來，研究李商隱詩文者，有顧詡群、張采田、汪辟疆、徐復觀、吳調公、朱偰、蘇雪林、藍于、楊柳、劉維崇、董乃斌、董明鈞、傅錫壬等十三人。

其中，朱鶴齡爲李商隱編過「年譜」，但不夠翔實。張采田多方考訂整理，編成《玉谿生年譜會箋》四卷。李商隱這位天才詩人，英年早逝，只活了四十七歲。

我與內子柯玉雪，因閱讀商務印書館出版蘇雪林教授寫的《玉谿詩謎正續合編》這本書，興起了編寫「李商隱」舞台劇本的念頭，因爲多少年來，從未有人編寫過李商隱的舞台劇本。

蘇雪林教授年輕時，民國十六年於蘇州東吳大學執教時，爲了解開玉谿生的「詩謎」，了解李商隱年輕時戀愛的對象是誰？深入研究考證，先是發表了一篇論文，以後不斷查證古籍，就像我考證「香妃」一樣，她自述有如發現了一塊「礦苗」，經一再鑽研挖掘開鑿，終於給她找到了謎底，這一年，她在商務印書館出版了一本《玉谿詩謎》，把李商隱年輕時的戀愛對象，提出了說明：

先是商隱在玉陽山學道時，愛上了一名宋華陽的女道士。後來，這位女道士移情別戀，李商隱失戀之後，痛苦的離開了玉陽山，不再學道。誰知後來，他廿四歲那年，竟陰錯陽差的認識了一位皇宮中的宮嬪，盧輕鳳，二人一見鍾情，陷入感情的深淵，難以自拔。

皇宮後院是「禁地」，平民百姓如何進入？又如何能使一對陌生相識的男女陷入苦戀，這眞是好戲。在當時帝制時代，這種愛情一旦曝光，不但腦袋要搬家，還可能連累家族遭殃，李商隱，當然要竭力保守這份秘密。但身爲詩人的他，又無法克制自己，故乃留下一些「無題詩」，傳於後世。

蘇雪林教授的《玉谿詩謎》問世後，首先荷蒙當時以撰寫《孽海花》小說聞名的曾孟樸先生(也就是曾虛白先生的尊翁)的認同與讚賞，同時在學術界，引起廣泛的論辯，不少學者先後發表不同的論文，有人肯定蘇教授的考證，也有不少人表示反對，認爲一個平民百姓，不可能與皇上的宮嬪發生戀情，連見面接觸，都是難上加難，如何相愛？

經過漫長卅年的論辯，反對的竟見提出後，引起蘇雪林教授繼續深入查尋佐證的興趣，她乃撰文予以答辯。她的精闢說明，經年累月堆積在一起，又經過了卅年，她在商務印書館出了《玉谿詩謎》的續集，民國七十五年，前後經歷了一甲子之久，商務出了《玉谿詩謎正續合編》的合訂本。這種情形，在出版界而言可謂是一「異數」，在學術界來說，眞是研究李商隱詩謎的「奇蹟」了。

到民國八十四年，香港有一位研究文史的白冠雲碩士，參考了大陸、香港、臺灣三地各書局出版有關李商隱之論著五十一種，也完全肯定蘇雪林考證李商隱戀愛的對象，沒有錯，就是當時唐朝文宗時代的宮嬪盧輕鳳女士。

我從民國七十九年開始，先研讀蘇雪林的原著，再廣泛的閱覽有關李商隱的詩選文集，及其家庭背景，交往的親朋好友，再勾勒出全劇出場的人物，以及佈景道具之設置。光消化歷史資料就花了三年時間，閱讀了廿八種書籍，才著手開始編劇。

初稿完成後，先請蘇雪林過目，再複印若干份，分送王紹清教授、王方曙教授，以及劇場前輩吳若先生、鍾雷先生、賈亦棣先生及貢敏先生賜教。

如何將李商隱留下的詩句，如「春蠶到死絲方盡，蠟炬成灰淚始乾」、「相見時難別亦難」、「身無彩鳳雙飛翼、心有靈犀一點通」、「此情可待成追憶，只是當時已惘然」，很巧妙的化入「對白」中，自然的流露出來，眞是煞費苦心。還有兩人相識初次交談說些什麼話，後來鍾情相愛，談到刻骨銘心，又怎麼說?……這些都是考驗我寫劇的功力與能耐，因爲蘇雪林雖有考證，對白卻完全要靠我憑想像空間來編寫。

唐朝時沒有「太監」這個稱呼，小的叫「小黃門」，大的稱「內侍」或「宦官」、「公公」，那時，不叫「洗澡」，要叫「沐浴」；道士不說：「阿彌陀佛」，要說：「無量天尊」，道士唸經作法事，念的「疏文」，也是我請教了道教的導師及參考了《道壇作法》等專門著作，才寫出來的。

還有劇中「鼓瑟」之情景，瑟如何「鼓」，不能說「彈瑟」，也是請教了眞能鼓瑟的學者魏德棟教授，才落筆。一點一滴我下了不少苦功，才能編出這個劇本，一再修訂到正式定稿，已是民國八十四年，修改易稿重寫了六次之多。

《李商隱之戀》完成後，曾獲教育部文藝創作「戲劇獎」，改編成「廣播劇」，又獲編劇學會「魁星獎」。但是，因它是歷史古裝劇，好幾次要演出了，卻因經費有限，而告擱淺。

我這才發現：編劇不容易，要演出一齣戲，困難更多，需有大批的人力、物力、財力的配合，才能成功。否則，恁你是精心極作，也是演出無望。

想不到隨著廿一世紀的來臨，這齣戲，終於克服萬難，今年十月將在美國北卡州演出，新世紀劇團不但用華語演出，還要用英語演給外國人來看，因爲我曾商請蔣娉女士花了一年的時間，將此劇譯成了英文，有中英對照的單行本出版。

想知道李商隱戀愛故事的讀者，只有買一本書，才知道究竟了。我只能和你這樣說，因爲在臺灣的劇團很多，就是沒有人願意演出這齣戲，奈何？

——91．4．7中央日報副刊

龍昭註：此劇九十一年在美仍未演出，而出版之這劇劇本，已售罄無剩，乃再版附印於「楊貴妃之謎」劇本後，希望九十二年仍有演出之機會。

「劍及屨及」及「劍及履及」

一

九十一年三月廿六日，《中央日報》刊出一則新聞說：立委江綺雯指出編譯編印的國文教科書錯誤百出，延續數十年，例如「劍及履及」應為「劍及屨及」，希發行「勘誤對照表」，給各校參考，勿再以訛傳訛，誤導下一代。

按國文教科書，確有不少錯誤，文友左秀靈教曾出版了專書，不知該館是否看到？不過江委員為「劍及履及」應為「劍及屨及」一節，我認為並不能算錯。因為「屨」及「履」，解說，同樣是「鞋子」的意思，只是發音不同，屨音巨，履音呂；進一步的解釋：屨，是用麻做的鞋子，履是用草做的鞋子。

按《辭海》的解說：履：鞵也，也就是有鞋帶可繫的鞋子。屨：履也。二者並無多大差別。

《說文通訓定聲》：「古曰屨，漢以後曰履，今曰鞵」，同樣一個物體，古今名詞有所變動，現代人早已不稱屨、履、鞵，直接叫鞋。有人穿皮鞋，又穿西裝，我們就叫他「西裝革履」若叫「西裝革鞋」，則又未之聞也。

二

進一步我們來談「劍及屨及」這句成語，原本不叫「劍及屨及」，而叫「履及劍及」，典出自《左傳》宣公十四年：「楚子使申舟聘於齊，由舟以孟諸之役惡宋，及宋，宋人殺之。楚子聞之，投袂而起，屨及於窒皇，劍及於寢門之外，車及於蒲胥之市，秋九月，楚子圍宋。」

「屨及劍及」之意，是楚子急欲興師，迫不及待之狀。現代一點的說明，是行動迅速、緊張、果敢。

文中所說的楚子，是楚莊王，他派大使申舟去齊國報聘，想不到途經宋國，被宋人所殺。他聽到這項消息，暴跳如雷，先是投袂（袂作衣袖解）而起，迫不及待奔跑出去，奉屨的人，在甬道上追及他給他穿鞋；奉劍的人，追到寢室門外，才追上，奉劍給他；奉車的人，一直追到大街之上，才追上給他坐車。

所以先是「屨及」，然後才是「劍及」、「車及」。

《左傳》是春秋戰國時代的記載，所以是「屨及劍及」，到了漢朝以後，屨已不用，改用「履」來替代。

劍是佩劍，履是鞋子。秦始皇稱帝以後，有了帝王之制。當時一些大臣，若得到帝王特許，上朝時，可以不去劍、不脫履。漢朝劉邦在位時，就有「劍履上殿」的說法。《史記》〈蕭相國世家〉：「於是乃令蕭何賜帶劍履上殿。」大概漢朝以後，「屨及劍及」這句話，就已改爲「劍及履及」，爲什麼要把「劍及」放在「屨及」的前面，我想大概是因「劍」是利器，較「鞋」重要吧。

三

寫到這裡，我想起「掛羊頭賣狗肉」的故事，給江立委說一說。

那也是春秋戰國時代，當時齊國是齊靈公在位，距今已二千五百年以上。齊靈公有一怪癖，就是喜歡讓宮中的美女，穿上男人的服裝取樂。因此全國婦女上行下效，也流行女穿男裝，形成雌雄莫辨之勢。此一歪風吹遍全國，齊靈公看情勢不佳，就下了一道命令：禁止全國婦女不再女扮男裝。但是，「宮中女子」，不在禁令之內。因爲有「特例」，宮中女子可以例外，結果，這一道禁令行不通，民間女子，依然我行我素。

齊靈公急了，乃向宰相晏嬰請教：「這該怎麼辦？」

晏嬰才智過人，就回答說：「你宮中的美女，可以女扮男裝，而宮外的女子，卻通令禁止。就像你在門口掛牛頭，門內卻賣馬肉，這樣的命令，門內門外不一，怎麼行得通？」

齊靈公覺得晏嬰言之有理，就下令宮中的美女，也不許女扮男裝。因爲規定一致了，女扮男裝的歪風，很快就被糾正過來。

這個故事，出在《晏子春秋》這本書上，原本是文言文，如下：

晏子曰：「猶懸牛首於門，而賣馬肉於內也。」翻成白話，就是「掛牛頭，賣馬肉」才對。

但是歷經了二千多年，很少人吃馬肉，吃羊肉倒很普遍，後來，廣東人愛吃狗肉，但政府明令禁止，只能偷著私下吃。

再說牛頭也很大，掛在肉攤上也不好看，就把這句話，改成「掛羊頭賣狗肉」來替代，一直流行及今。

時代不斷在變，戰國時的「屨及劍及」，到如今改爲「劍及履及」，也沒有什麼不妥。立委問政，不妨大處著眼，何必以能考倒教育部長黃榮村來取樂呢！

——91・4・11中央日報發表

後宮佳麗三千人

唐明皇還沒遇上楊貴妃以前，也是有名的風流天子，他發明了一種「蝶幸」的辦法，似乎比晉武帝的「羊車巡幸」更有趣。他是在後宮舉行酒宴，一邊喝酒，一邊命令出席宴會的妃嬪，要在髮髻上，分別插上梅花、或桃花、李花等之髮簪，酒過三巡後，唐明皇把蝴蝶從竹籠中放出來，看蝴蝶停留在那位妃嬪頭上所插的花上，當夜就賜寵幸那位妃嬪。這樣一來，一些妃嬪，為了爭取蝴蝶佇足，就在髮髻上插滿了花朵，形成一種婦女喜在頭上插花的由來。

一

古時候的人，喜歡以「三千」來形容「多」的意思。

孔子有教無類，門下弟子三千，並不是他真的有三千個學生。

孟嘗君有食客三千，在他家開伙吃食，那也是形容他好客，並不是真有三千個人聚居在他家，吃喝不用付錢。

白居易寫「長恨歌」，詩中有「後宮佳麗三千人，三千寵愛在一身」的句子，就認唐明皇的後宮，眞有三千名美女！

李白寫的「秋浦歌」詩中有「白髮三千丈，離愁似個長」，果眞把白髮連接在一起，也不可能有三千丈這樣長。

那時代，很少用到「萬」，用「三千」，已是相當多了；若說如今「樂透彩」，頭獎有上億的彩金可得…，那可能是「天方夜譚」了。

二

白居易說唐明皇的「後宮佳麗三千人」，這「三千」是個虛數，那眞的該有多少佳麗呢？

按照唐朝，屬於皇帝的女人，規定是這樣的：

皇后一人，然後是四名夫人：貴妃、淑妃、德妃、賢妃。四妃以下，有九嬪：昭儀、昭容、昭媛、修儀、修容、修媛、充儀、充容、充媛。

此外，還有九位婕妤、九位美人、九位才人。

還有：寶林廿七人、御女廿七人、綵女廿七人。

總共加起來，是一百六十七人。

是三千人的十分之一不到。這是唐朝時代的規定，在唐以前，三國以後的晉朝，晉武帝（司馬炎）即王位後，就詔告天下：

「有女兒者全須申報，隱匿不報者死罪，調查物色中，不得嫁娶。」

就這樣，網羅了天下五千多名美女全數收入後宮。這已超過了三千佳麗的名額。他接位後十五年滅了吳國，又把吳國後宮美女五千多人，也收併入自己的後宮，如此一來，總人數已超過了一萬人以上。天子一晚臨幸一人，要卅年才輪到一次，十八歲的美女，卅年後已變成了老太婆了，這可怎麼安排？

聰明的他，發明一種「羊車巡幸」的方法，就是自己坐在一輛由羊來拖拉的輦車上，慢慢巡行後宮，看羊在那兒停步不走了，就下車，與停車處內之妃子共眠，這似乎很公平，但一些佳麗，爲了爭取皇上臨幸，就故意在門前撒滿了羊所愛吃的鹽和竹葉，羊爲了吃鹽和竹葉，就停了腳步，不再前進，這也就是「揷竹灑鹽」的典故由來。

唐明皇還沒遇上楊貴妃以前，也是有名的風流天子，他發明了一種「蝶幸」的辦法，似乎比晉武帝的「羊車巡幸」更有趣。他是在後宮舉行酒宴，一邊喝酒，一邊命令出席宴會的妃嬪，要在髮髻上，分別揷上梅花、或桃花、李花等之髮簪，酒過三巡後，唐明皇把蝴蝶從竹籠中放出來，看蝴蝶停留在那位妃嬪頭上所揷的花上些妃嬪，爲了爭取蝴蝶佇足，就在髮髻上揷滿了花朵，形成一種婦女喜在頭上花的由來。

皇帝喜愛女人，不僅中國如此，西方亦然。

《聖經》〈列王紀上〉記載：所羅門掌治以色列王國，時在公元前九七〇年至九三一年間，在我國周武王後周穆王時期，他掌王權後，愛上了很多外國女子，除了埃及王的女兒，是皇后外，他又娶了赫人的女子以及摩押、亞們、以東和西頓的女子。所羅門戀愛這些女子，娶了七百個公主，此外，還有三百個妃嬪。

十足的一千人，並非「虛數」。

而歷史上，女人做了「皇帝」以後，可又如何呢？

後宮也有佳麗嗎？當然不用佳麗，武則天當了「一代女皇」，蓄有不少「面首」，就是不但面目俊美外，還要床上功夫突出的，才能獲得寵幸。較知名者，有薛懷義、郭竹眞、明崇儼、薛敖曹、沈南璆、張昌宗、張易之等人。其中，薛敖曹，武則天曾封他爲「如意君」，並改元爲「如意」，有一本叫「如意君傳」，專門記載他與武則天床第之間的事，因爲太生動詳盡，如今已被列爲禁書。

有權有勢之人，喜愛情慾之享受，可謂不分中外，也不論男女。

——91·3·10青年日報發表

殉葬血淚史

秦始皇以活人殉葬，限於沒生育過的女人，而朱元璋卻不管女人有沒有爲他生過孩子一律殉葬，相較之下，他比秦始皇、秦二世更狠多了。

一

殉葬，是中國古時候，用活人或是器物，來陪死去的人一起埋葬；這是很殘忍的活埋，尤其是對活人來說，也可以說是一種極不人道的集體屠殺。

《墨子·節葬篇》有云：「天子殺殉，衆者數百，寡者數人。」在奴隸制的社會裡，用活人殉葬，這一種野蠻的行爲，不但分階級，而且成爲一種制度，並非風俗習慣。幸好，這種制度到了公元一四六四年明朝英宗皇帝天順八年正月，在他病危時，下了一道遺詔表示：「用人殉葬，吾不忍也，此事宜自我止，後世勿復也」《廿二史札記》，這件事，才宣告終止。

在殉葬人中，女子佔有相當大的比例，可見當時社會，男女確實不平等。

二

先說周朝時有一個周幽王（公元前七八一——七七一年），他在位十一年，他有個寵妃叫褒姒，生子名伯服，周幽王為褒姒，廢了皇后，立她為后，立伯服為太子。褒姒不喜歡笑，周幽王為取悅她，以烽火徵來諸侯，諸侯至而不見寇，美人褒姒，這才展顏而笑，王大樂。過了幾年，西夷犬戎入寇，王再舉烽火徵諸侯來救，諸侯不至，犬戎遂弒王於驪山之下，執褒姒以去。

這一段故事，歷史有記載，大家都知道；下面後續的情節，知道的人可能就不多了。

相隔了五百多年，在西漢劉邦稱帝（公元前二百零六年）以後，有一個稱廣川王的，他喜好聚集一些無賴少年，到處遊獵盜墓，有一次，他們竟然盜掘到了周幽王的墳墓，發現有百餘屍體縱橫相枕藉，或坐或臥，亦獨有立者，衣服形式，不異生人，墓中唯有一人是男子，餘皆女子，當時「殉葬」情景不詳，但周朝時確有「殉葬」之事實，浮出檯面。有人懷疑，周幽王已被犬戎殺了，還有人願意殉葬嗎？不是願不願意的問題，王死了，自有人執行此一「制度」也。

一九七八年（民國六十七年）三月，在大陸河南省的固始縣，有幾個當時城關磚瓦廠的工人，在挖土時，先是發現一個露出大槨的土坑，繼續挖掘，掘出了大批青銅禮器、樂器、竹木漆器、陶器和生活用具，還有一古代三座塗漆的肩輿，也就是四人抬的轎子。這一墓穴，眞不小，先發現的是陪葬坑，主墓周圍直徑達五十公尺，上面覆蓋有二層樓高的覆土，從墓頂到墓底，深達十六公尺，墓坑內安置巨大的木槨，分內外兩重，內棺中睡著一位身分顯赫，年約卅歲左右的年輕婦女，在她的周圍，還發現十七具陪葬的棺木，陪葬者年齡在廿歲至四十歲之間，已鑑定其中有五名是男子，九名是婦女，還有三名不詳，可能是太監。

死者是誰呢？在出土的青銅簠（註：音甫，是祭祀用盛稻麥之方形器具）上刻鑄有銘文：「有殷天乙唐孫宋公乍其妹勾敔夫人季子勝簠」，譯成白話，就是「殷商成湯的子孫宋公䜌所作，送給妹妹季子，即吳國夫人陪嫁的銅簠」，「勾敔」是當年蘇州吳國的國號。宋公是《左傳》中的宋景公。

按宋景公（公元前五一六——四七六年）在位年代推算，死者該是吳王僚夫人，她是蘇州人，怎麼死後，墳墓會葬到河南省固始縣去呢？

原來，吳王僚被殺後，其夫人怕也被殺，乃逃回娘家宋國去，死後她哥哥還找了十七名相關的男女，陪她下葬在一起，這樣的埋葬，眞是相當風光，而殉葬者都有棺木，更是不易。

周幽王死了，吳王僚的夫人死了，都有人爲之殉葬。其主要原因是，他們活著的時候，都有人侍候，死後，到了陰間，仍需要有人侍候，那些殉葬的男女，大都是他們的奴僕、婢女，他們無力反抗，只有被迫服從。

在《禮記・檀弓》書上，記載著這樣一則故事：

說是有一個齊國的大夫，名叫陳子車，他不幸死於衛國，其妻與家中的總管，商量辦理他的後事，決定也要用活人殉葬，但殉葬的人數與對象，待確定。事爲陳子車的弟弟子亢聞悉，他有仁慈的心，大爲反對。他說：「如果哥哥在陰間確需有人侍候的話，沒人比他的妻子和總管更爲合適；若堅持要用活人殉葬，就可以將他們兩人生葬，別人就免了！」

陳子車的太太與家裡的總管，不願無端被活埋，這事也就作罷，因爲死的不是「王」，他人也無法堅持，就不了了之。

春秋戰國結束，秦始皇統一了中國，他不再是秦王，他是始皇帝《史記・秦始皇本紀》當時秦後宮婦女殉葬者數千人。秦二世稱：「先帝後宮非有子者，出焉不宜，皆令處死。」秦二世，把活人殉葬，找到了另一個藉口，認爲「出焉不宜」。

如今在大陸上，已發掘出土了大批泥做的「兵馬俑」，數千活人殉葬的骸骨，則尚未曝光，不知埋藏在何處？

三

秦始皇是一代暴君，他死後有數千活人爲之殉葬，又有浩浩蕩蕩的泥製兵馬俑，隨之埋葬，但秦只傳了二世，就結束暴政的統治。

接著而起的漢朝、三國、東西晉、五胡十六國、南、北朝，沒有一個君王有他那樣的版圖，活人殉葬的惡俗暫且打住，代之以泥俑、木俑來替代活人陪葬。

漢朝發明了紙，而佛教也於此時傳入中國，依照佛教教規，和尚死了要火葬，《高僧傳》有此記載，後已不限於和尚，民間、皇室成員，也有實行火葬。

到了唐朝，《知新錄》記載：「唐明皇瀆於鬼神，王璵以紙爲幣，用紙馬以祀鬼神。」紙馬亦稱甲馬《天香樓偶得》記載：「俗於紙上，畫神、佛像塗以紅黃彩色，而祭祀之，畢即焚化，謂之甲馬，以此紙爲神佛憑依，似乎馬也」。

唐朝將泥俑，變成陶俑，進而釉彩繪爲唐三彩馬、人俑，進而由「紙馬」進化爲紙俑，不僅在紙上繪神佛像，用紮成立體的「童男」、「童女」像，焚化後可以導引死者去到極樂世界。

宋、遼、金、元時，盛行「火葬」，及焚化「紙馬」、「紙俑」，不再見有用活人殉葬。

四

到了明朝朱元璋時代，認爲火葬有悖於孝之道，一再下令禁止，多年不見之「活人殉葬」，卻在他手上，又死灰復燃起來。

先是公元一三九五年洪武廿八年，朱元璋尚未亡故，他的次子朱樉先死了，爲了使他在陰間有伴，朱元璋下令他心愛的兩名妃子，活活殉葬。接著洪武卅一年，朱元璋自己駕崩，殉葬的妃嬪四十六人，宮女十二名，其中有一位嬪妃，還是明太祖之子成祖朱棣的親生母親，明成祖朱棣，非馬皇后所生。秦始皇以活人殉葬，限於沒有生育過的女人，而朱元璋卻不管女人有沒有爲他生過孩子，一律殉葬，相較之下，他比秦始皇、秦二世更狠多了。

到了明成祖朱棣，自己也死了，他也比照他父親一樣，有卅多名宮女活活隨之殉葬。其中有一名妃子，是由朝鮮選獻進宮的，因其也在殉葬之列，朝鮮的《李朝世宗實錄》上，留下了下列的一段記載：

「帝崩，宮人殉葬者卅餘人。當死之日，皆餉之於庭，餉輟，俱引升堂，哭聲震殿閣，堂上置小木床，使立其上，掛繩圍於其上，以頭納其中，遂去其床，皆雉頸而死。」那名朝鮮妃子，顫慄著，登上了小木床，對守候在身邊的乳母連聲哀鳴：「娘，我去了，娘，我去……」話音未落，就被太監一腳踢掉木几，命歸西天。

後面一段文字，是執行殉葬之人士，事後留傳下來，其悲慘之情景，可以想見。

從公元一三九五年起，至一四六四年明英宗天順八年，「殉葬」，才在歷史上劃下了休止符。明英宗在位十四年時，瓦剌入侵，他率兵親征，不幸兵敗，爲瓦剌俘虜北去，明朝乃由其弟景宗接位，第二年，瓦剌請和，英宗才被釋回，尊爲太上皇，隔了六年，英宗重祚登王位廢了景宗，在他的一生中，經過這一挫折，他死前，特下了一道遺詔，明示：「用人殉葬，吾不忍也，此事宜自我止，後世勿復爲。」

「殉葬」從那一年始停止，迄今已五百多年，眞的走入了歷史，再也沒人重蹈覆轍，爲後世所詬罵了。

——92·5·9 青年日報發表

追根究柢考證「香妃」的新發現

一

清代的學者崔述說：「諺云：『打破砂鍋問到底』，蓋砂鍋底比較脆，敲破之，則其裂紋直達於底。『紋』與『問』同音，故假借以譏人之過細而問多也。然余所見所聞，大都皆由含糊輕信而不深問，以致僨事，未見有『細爲推求』而僨事者。」這也是我研究歷史學問所抱有的態度，不含糊輕信資料，一定要尋根究柢的追問下去，弄個清楚明白，才肯罷休。

清朝另一個大學問家戴震（東原），十歲時讀「大學」一書，見朱熹的注釋：「大學」的「經」，是「孔子之言，而曾子述之。」他問老師：「怎麼知道是這樣的？」老師說：「這是朱熹說的。」戴震又問：「朱熹是什麼時候的人？」老師說：「是宋朝的人。」他又問：「從周朝到宋朝，中間隔了多少年？」老師說：「隔了幾乎兩千多年。」戴震又問老師：「朱熹怎麼知道是如此的？」老師就無可回答了，因爲朱熹的注釋，本是一種推測之詞，並沒有史料上的根據，因此乃經不起戴震的追問。

這一故事，也啓示我，歷史上記述的事，我們應像戴震一樣，認眞追問下去，才能瞭解其眞相，不致「僅」被文字之記述所迷惑。

查證清朝歷史上，究竟有無「香妃」其人，僅憑清正史的文字資料，來下斷語，是既不公正，又不客觀的。

二

我於七十八年九月出版了「香妃考證研究」一書，迄八十年九月，已屆兩年，這兩年中，我繼續考證「香妃」，獲得了更豐頭的收穫。

先是兩年中，我爲了「香妃」，與人展開了三次筆戰。

第一次筆戰，是與高陽先生在「聯合報」上，開始於七十八年十一月廿六日，結束於七十九年一月廿一日，高陽先生寫了三篇，我也寫了三篇，江述凡先生寫了一篇。

第二次筆戰，是與東門草先生在「立報」上，開始於七十九年一月四日，結束於八十年二月五日，東門草先生寫了兩篇，我寫了三篇，文字篇幅極長，歷時也最久。

第三次筆戰，是與莊練先生在「中央日報」上，開始於八十年三月十三日，結束於八十年六月十九日，莊練先生寫了一篇，江述凡先生寫了一篇，我寫了二篇，合併成一篇。

其次，是我看到了一般人不易見到的三件寶物。

清朝郎世寧所繪，香妃的畫像「寶月嘗荔圖」

第一件寶物：是郭志誠先生蒐藏的「寶月嘗荔圖」，這是清郎世寧所繪香妃畫像：「海西八珍」中之「第七珍」，過去我只知道「八珍」中之「六珍」，如今，竟看到了此「第七珍」，時間是在七十九年三月廿九日，蒙畫主同意我拍攝照片，並告知此畫過去藏於大英博物館十餘年，故外界鮮有人知，當時他以新台幣一千八百萬元向人購得，經我撰文在報間發表後，先後有英國人、日本人專程來台觀賞此畫，迄八十年六月間，更有日本蒐藏家願出新台幣四千萬元購買此畫，但爲郭先生所拒，未有割愛。

第二件寶物：是劉台柱先生蒐藏的「冰嬉娛親圖」，這是清郎世寧所繪香妃畫像「海西八珍」中之「第八珍」，係不久以前，由大陸輾轉運來台灣，我於七十九年四月五日看到，蒙畫主同意我拍攝照片，並撰文在報間發表。

第三件寶物：是回教界知名的買靜安教長，所蒐藏的一柄香妃當年生前使用的佩劍，這把劍上鐫刻有回族文字，劍鋒依然十分鋒利，買教長親自向我述說這把佩劍的來歷，及當年如何自回教友人處，以高價購得之經過，並說卅年前，即民國五十年代時，曾有日本人，願出美金廿萬，向他購買，但未爲其接受轉讓，我看到此劍，時在八十年五月間。

最後，我要說的，是爲了「香妃」，我曾專誠去了一趟大陸的北京，拜訪了現今的「陶然亭」尋探「香塚」及故宮博物院，也購買了好幾本此間不易見到的書籍，蒐集到了不少有關「香妃」一書，此書係由于善浦、董乃強二人蒐集了大陸上所能看到的有關「香妃」戰之文獻詩文及其有關的考證文章。

上述的這些文字、圖片，我不想獨自佔有，乃彙集在一起，出版「香妃考證研究」續集，希望與讀者分享。同時也訴求讀者來思索，究竟我說的：「香妃確有其人」對呢？還是有些人說的：「香妃並無其人，其實就是容妃」才對。

三

過去，有些學歷史的人，因受了孟森先生「香妃考實」這一篇文章的影響，都跟著人云亦云的認爲「香妃並無其人，其實就是容妃，因爲清正史上，只有容妃之文字記載，而無香妃之文字記載」。

自從民國六十四年開始，我不斷深入考證香妃之事蹟，即發現這是錯誤的，詳細的情形，可參閱我的「香妃考證研究」一書。

誰知一九七九年十月（民國六十八年），大陸上打開了「容妃」的墓穴，為此也引起「香妃、容妃」熱烈的論戰。一些服務於中共故宮博物院的人，極力主張：容妃就香妃，一般小說戲劇中的「香妃」是一虛構的人物。而雖有人力主「香妃確有其人」、「香妃並不就是容妃」，但似乎勢單力薄，只是少數，中共新華書局，乃編輯了一本「香妃」的書，於一九八五年八月（民國七十四年）出版，為此一論戰，作了結論。

寫清朝歷史小說的高陽先生，於七十八年四月，去了一趟大陸，在北京訪問了故宮博物院的副院長，蒙熱誠招待，並告訴他，「香妃戎裝像」，根據當時擔任古物陳列所古物保管科曾廣齡科長的說法，只是朱總長順口說的一句話，並無根據，並強調「官大表準」，事實上並不準確。

他寫了「香妃的眞面目」一文，引起我與他的筆戰，事後回想，他完全是受了大陸的影響。在「立報」與我引起筆戰的東門草先生，我事後才知道，原來他人在大陸，東門草是一筆名，他現在大陸湖北省黃石縣，在礦務局第一中學，任文史教員，他撰文的依據，絕大部份，是依據大陸新華書局出版的「香妃」一書。

至於莊練先生，服務於中央研究院歷史研究所，現已退休，他所寫的資料來源，也完全是大陸出版的「香妃」一書，蒙他把那本書，寄了給我，才讓我恍然大悟。

為「香妃」一書寫序文的秋浦先生，在該書序文中說：「這是有關香妃材料比較完整的一本集子。編者選登這些材料，並不是按照一個口徑，而是各種說法，兼收共蓄，使讀者在讀了它之後，對一些問題，能有一個思考的餘地。」

一般人，對「香妃」問題，未有深入研究的，讀完該書以後，馬上可以同意書中的結論，那就是該書雖說得冠冕堂皇，讓多種說法，兼收並蓄，也不按照一個口徑，來取留原始材料，但在官方故宮博物院任職的那些人士的字裡行間，明顯地偏重於「容妃就是香妃」這一個說法，儘量否定「香妃存在，確有其人」的說法。

但深入研究香妃問題十餘年，我人在台灣雖不如在大陸蒐集資料那樣方便，然我卻在海外，在日文書籍，及親眼看到的郎世寧所繪「香妃畫像」的鐵證下，可以肯定：香妃確有其人。

更要在此特別提出的，是在大陸出版的「香妃」書中，我看到了民國六年，香妃之後裔達楊氏，即香妃二哥之玄孫媳婦，於民國六年，由北京返回新疆喀什噶爾之故鄉，為爭取其應得之遺產，興訟打官司，結果獲得判決勝訴之公文全文，這是證明香妃確有其人，最有力的人證、物證，若無其人，決不可能有其後裔，若說冒充的，則官司也不可能勝訴。

過去，我只蒐集到此一打官司事件的消息，未見原文，此次在該書中看到，如獲至寶，

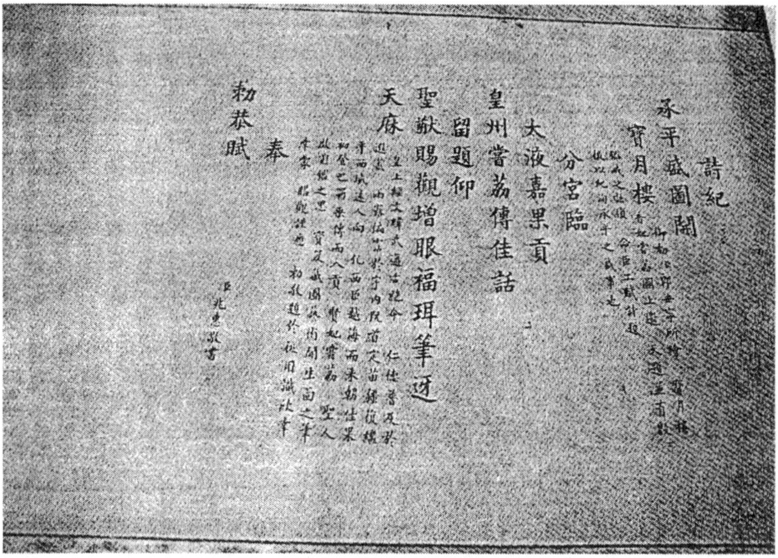

從「寶月嘗荔圖」的詩文，中可以看到記載有「香妃」二字。

更難得的是，該文中詳細列出「內務府譜牒」所載，香妃祖先若干代的姓名，使我能從此排列出「香妃」出生的正確世系表。

為什麼國際間人士，都肯定中國有「香妃」這個人，中共當局，既已找到了這樣明確的證據，而仍要否定她的存在呢？

這其中，必然有它的原因存在。

我再三的沉思、默想。又一讀、再讀這本厚達三八八頁的「香妃」一書，最後，終於追根究柢，恍然大悟，有了「新發現」，也找出了其中癥結之所在。

原來，在共產主義的社會中，對於「歷史事件」的看法，與我們台灣三民主義的社會中，對於「歷史事件」的看法，是有所不同的。

我們歷史事件，要求客觀的探討事件的

眞相，歷史歸歷史，政治歸政治，二者不必牽扯在一起，我們寫文藝作品，亦復如此，文藝與政治要分開來，不要混在一起。

共產主義的社會則不同。對「歷史事件」，必先要透過政治立場、政策的需求，這樣的看法，才是正確的；寫文藝作品，亦復如此，要符合毛澤東的延安文藝政策路線，提倡工農兵文藝。若是文藝作品不能與共產主義教條相配合的話，就認定是小資產階級的頹廢作品，無存在之價值。

在大陸出版的「香妃」一書中，一再地標榜「容妃」之偉大，說她人格高尙識大體，有功與清朝和回族之和好，是個很了不起的女性；而香妃則是一些無聊文人，虛構的人物，沒有強調她存在的必要。

大陸「中國民族學研究會副理事長」秋浦先生，在此書的序文中說：「今天的中華人民共和國，剝削階級作爲一個階段來說，已被消滅，民族壓迫的根源，已被鏟除，民族平等，成爲生活中的現實，各民族之間，才有可能達到眞誠的團結一致。平等、團結、互助，已成爲我國社會主義時期新型的民族關係，我們應當大方去發展這種新型的社會主義民族關係，這必將引導我國各民族人民走向共同的繁榮。」

透過爲各民族、團結、互助的「政治要求」來看：「香妃」這一歷史懸案，當然應該站在肯定「容妃就是香妃」這一觀點來說話，才是符合中共政策的要求。中共佔領大陸後，大批移民往新疆送，新疆地方大，可以試驗原子彈爆炸，當然希望回疆民族與漢民族，和好團結在一起，乾隆香妃的故事，早已過去，何必再舊事重提，傷了二個民族間的和氣呢！

我想起幾年前，我拜讀曹禺寫的「王昭君」劇本，他在劇本後面談該劇的創作經過說：「寫歷史劇，要忠於歷史事實，忠於歷史唯物主義，同時還要有『劇』，如果沒有戲劇性，別人就會打瞌睡，這個『劇』字就難了。」

曹禺說：「那是一九六〇年以前的事，周總理（即周恩來）指示我們不要『大漢族主義』，不要妄自尊大，這是從蒙漢人聯姻的問題談起的，提倡漢族婦女嫁給少數民族。」……就這樣，曹禺奉命寫了「王昭君」這個劇本，過去演出的「昭君怨」、「昭君和番」戲劇，昭君都是哭哭啼啼的，曹禺寫的「王昭君」是與衆不同的，他寫王昭君，是高高興興去嫁給遠在塞外的番邦單于，一滴眼淚也沒有。這就是：戲劇要忠於歷史唯物主義，配合政治的結果。

我們不妨閉上眼睛想一想，王昭君孤零零的遠嫁到番邦去，她會是笑著去嫁人的嗎？當然是有違事實的。

四

我發現中共當局，爲了湮沒「香妃眞實存在」的事實，他從下的諸種措施來進行，可說是相當周密而有計畫的。

第一，「香妃」一書，力捧孟森先生所撰「香妃考實」一文之立論正確，因孟森是清史權威學者，且是依據清正史來考證，正史無香妃之文字記載，當然沒有香妃其人，是正確的，一般人喜歡盲目崇拜專家，當然會認同他們的看法。

第二，他找出清宮的一些檔案，把過去一般人不識的滿文奏摺、回文資料，也翻成漢文，以證明這些官方的文書上，只有容妃，沒有香妃。

第三，最狠的一著，他挖出香妃存在的根，把喀什噶爾阿帕克和卓墓中所藏有的「香妃世系考錄」原始資料，加以更改，幸好書中的論戰文字中，透露出：「阿帕克和卓墓的那份資料，可靠性是大有問題，那不是過去的歷史記載，而是解放後，當地若干幹部根據一些不同的傳說整理而成。」我依據民國卅二年梁寒操視訪該墓，所得的「香妃世系考錄」資料，香妃的父親名「群和加」，又名「帕力思」，中共將之更改爲「父名阿里和卓，與容妃之父同名」，故證明香妃就是容妃。這樣混淆視聽，誰會不相信呢？

第四，容妃有一哥哥名圖爾都，因她獲册封，史料上有圖爾都傳，過去小說、戲劇都說香妃有一哥哥，名圖地公，漢人稱之謂圖圖公，他的太太叫圖夫人，所以書中，說圖地公就是圖爾都，因此香妃就是容妃。事實上，我已在該書中，找到最正確的資料，容妃有一哥哥叫圖爾都，是不錯的，另有一個姊姊，一個妹妹，名不詳，詳見：「容妃遺物摺」檔案。而

作者和多位鑑賞者一同觀賞「冰嬉娛親圖」。

香妃有兩個哥哥，大哥叫圖地公，又叫吐狄貢，太太名蘇黛香，是漢人，二哥叫阿不都哈的，也就是上述達楊氏的曾祖父，香妃並無姊妹，是獨生女。圖爾都的太太叫巴朗，是滿人，他與圖地公死的時間都不一樣，但中共故意把圖爾都說成就是圖地公，混爲一人，這樣，父親同名，哥哥又同名，香妃不就是容妃了嗎？

第五，中共在書中特別強調新疆香妃墓中，是空的，根本無香妃之屍體，只有容妃葬在東陵是正確的，他在新疆散佈此一消息，給前往該地觀光的外國人，有一位義大利人，蒂齊亞諾，於一九八三年（民國七十二年）去該地遊覽後，就撰文在西德的報紙上說：「香妃的墓已空，人們稱它爲『香妃博物館』……」這篇外文，經過翻譯，也刊載在此書中，以配合中共的政策，作錯誤的傳播。中共之用心良苦，但在有判斷力的人看來，眞是不值識者一笑。

第六，除了修改「世系考錄」，說「墓中是空的」以外，中共因未有香妃畫像眞蹟之蒐藏，他就透過故宮博物館工作人員的口頭傳播，散播說，那幅「戎裝像」，是當時有人順口說的，畫中不一定是香妃。更可笑的，說民國三年展出「香妃戎裝像」，也只是爲了招徠遊客，多增加一些門票收入，這是當時故宮博物院副院長單士元回憶說的話，因此一油畫，並無標箋題名，亦無根據：「是幾個人拿的主意，爲的是以這張像招徠遊客」……這種說謊又不負責任的口頭傳播，我們的高陽先生、莊鍊先生都信以爲眞，再加以「以訛傳訛」，中共確是收到了他的宣傳效果。

第七、最後把這些以假爲眞的文字傳說，出版了一本書「香妃」，以統一全國的口徑。大陸上所有的知識份子均認同了，只除了極少的少數，不贊成容妃就是香妃的說法。在我與大陸東門草先生筆戰的後期，東門草先生已贊成我的看法，把我所發現確有香妃的鐵證，撰文投寄到南京的中央日報，及其他報紙，結果均石沉大海，因爲，中共的政策既已決定：「沒有香妃這個人」，你再要說確有其人，這樣的文章，當然不可能獲得發表機會的。

五

走筆至此，我眞要爲殉節的烈女香妃嘆息，她眞是一個很不幸的女人。生前，她因不從乾隆，被太后賜死。死後又因著清朝駭人的文字獄，使她的名不能見諸清正史，到了滿清推翻了，民國成立，因爲一幅「戎裝像」，民國三年的展出，她的故事，才被世人所傳開。

但是，到了民國廿六年，因著孟森先生的「香妃考實」發表，她的存在，又被人所否定，勝利以後，雖有人依據「畫像」及「墓塋」，演出「香妃恨」的平劇，風風雨雨，引發出不同的看法，大陸淪陷後，在台灣，一些學者，已找出她眞實的存在。但孟森先生的說法，迷惑了一般人對權威學者的盲從心理，仍難獲定論。

民國六十八年，大陸容妃的陵墓被打開了，又引起了一次長達三年的爭辯，中共當局爲了配合他種族團結、互助的「政治要求」，又再度只好力捧容妃，而否定她的存在。爲了支持此一說法，他們修改她的祖宗世系名字，抬出清宮檔案，硬說她就是容妃，否定她的畫像，說墓中的屍體是不存在，再透過故宮博物院的人，作不實的口頭傳播，眞可說是費盡心機。

幸好歷史的眞實，終有水落石出的一天。

憑著我「打破砂鍋問到底」的傻勁，終於有了新發現，請參閱下列香妃、容妃家族世系表。

（發表於八十年十一月「文訊」雜誌第73期）

香妃、容妃家族世系表

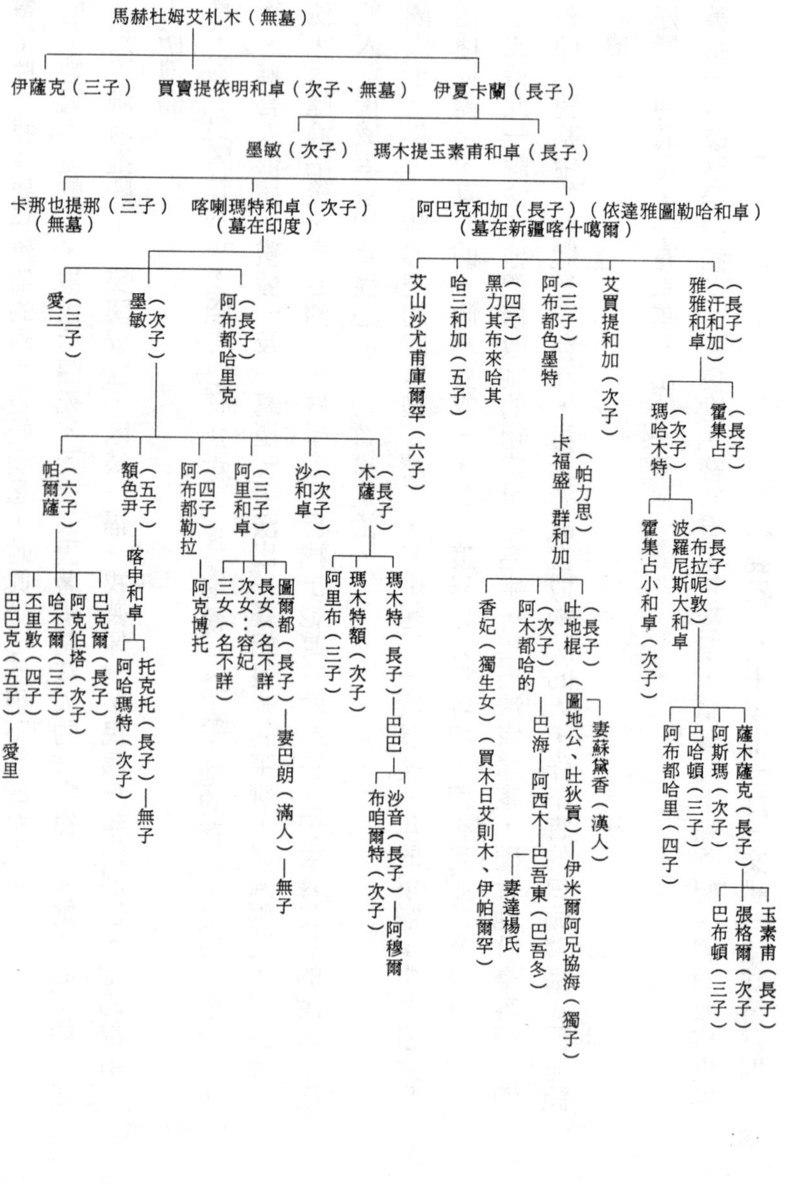
馬赫杜姆艾札木（無墓）
伊薩克（三子）
買賣提依明和卓（次子、無墓）
伊夏卡蘭（長子）
墨敏（次子）
瑪木提玉素甫和卓（長子）
卡那也提那（三子）（無墓）
喀喇瑪特和卓（次子）（墓在印度）
阿巴克和加（長子）（依達雅圖勒哈和卓）（墓在新疆喀什噶爾）
愛三（三子）
墨敏（次子）
阿布都哈里克（長子）
帕爾薩（六子）
額色尹（五子）
阿布都勒拉（四子）
阿里和卓（三子）
沙和卓（次子）
木薩（長子）
巴巴克（五子）—愛里
丕里敦（四子）
哈丕爾（三子）
阿克伯塔（次子）
巴克爾（長子）
喀申和卓
托克托（長子）—無子
阿哈瑪特（次子）
阿克博托
圖爾都（長子）—妻巴朗（滿人）—無子
長女（名不詳）
次女：容妃
三女（名不詳）
瑪木特（長子）—巴巴
沙音（長子）—阿穆爾
布咱爾特（次子）
瑪木特額（次子）
阿里布（三子）
艾山沙尤甫庫爾罕（六子）
哈三和加（五子）
黑力其布來哈其（四子）
阿布都色墨特（三子）
艾買提和加（次子）
雅雅和卓（長子）（汗和加）
卡福盛（帕力思）—群和加
吐地棍（長子）（圖地公、吐狄貢）—伊米爾阿兄協海（獨子）
妻蘇黛香（漢人）
阿木都哈的（次子）—巴海—阿西木—巴吾東（巴吾多）
妻達楊氏
香妃（獨生女）（買木日艾則木、伊帕爾罕）
霍集占（長子）
瑪哈木特（次子）
波羅尼斯大和卓（長子）（布拉呢敦）
霍集占小和卓（次子）
薩木薩克（長子）
阿斯瑪（次子）
巴哈頓（三子）
阿布都哈里（四子）
玉素甫（長子）
張格爾（次子）
巴布頓（三子）

三、戲劇欣賞

「貓脖上的血」欣賞

一

八十七年五月，一個大雷雨後的晚上。

王藍夫婦、苗天先生、王生善教授、彭行才教授，和我，在劉華老師的邀請下，於「幼獅文藝中心」，觀賞了基隆培德高職學校影視三年級同學畢業公演。

他們演出的是法斯賓達的作品：「貓脖上的血」。

法斯賓達官(Fassbinder)向來以電影作品聞名於歐洲表演藝術界，他是西德電影、戲劇導演、作家和演員。他具有社會政治觀念影片的主題，多半帶有壓抑和絕望的色彩。六十年代參加慕尼黑先鋒派的「反戲劇」業餘性組織，該組織演出的一些根據歌德、索福克勒斯作品改編的舞台劇，均引起不少的爭論。他是一個多產的藝術家，行動快速，卅歲時，己拍攝了廿多部影片，其中，多半是批判德國中產階級的。一九七九年完成的「瑪麗亞・布勞恩的婚姻」一片，諷刺性地描寫第二次世界大戰起，直至出現經濟奇蹟這段德國歷史中，一樁不斷遭受挫折的婚姻，放抉後，極受歡迎。可惜，他英年早逝，只活了卅六歲，於一九八二年六月離開了世界。

「貓脖上的血」(Blood on the Cat's Neck)是一齣實踐性質濃厚的抽象式舞台劇，過去，從未在國內演出過，這次「培德高職」首次公演該劇，頗爲各方矚目。

二

去年該校影視科的同學，曾演出過文建會得獎的劇本：「那一條街」，是蔣子安的作品，今年這一班年輕的朋友，想嘗試一下不同於傳統舞台劇的另類風格作品，因而才選擇了「貓脖上的血」。

這一齣戲，是十足的「反戲劇」，是突破傳統的。

全劇共分二大場：第一大場，分爲十四小段，第二場，分爲三十小段，每一小段演出時間一分鐘至三分鐘不等，總時間是九十分鐘。

是劇試圖呈現「語言習慣」和「行爲特色」。探討的問題，包括「弱勢族群」、「同性戀與異性戀」、「資本主義」、「社會現象」及「基本人性」的衝突與交集。

編劇運用了電影中片段串連的方式，以抽象的佈景及表演方式，找出相同性質的脈絡。故事敍述一名叫佛比的外星人，奉派到地球來學習人類的一切，同時也調查人類的缺點，以做爲外人攻擊地球，消滅人類的依據。全劇出場人物衆多，有：牧師、軍人、屠夫、警察、寡婦、情婦、模特兒、囚犯、女孩……等等。我想，這也是該校願意演出該劇的主要原因吧，因爲，每一學生，都可以有上台的機會呀！

三

看完這次的演出，我覺得，這眞是一齣十足的「反戲劇」，因爲劇中，沒有「曲折」，也沒有「懸疑」、「驚奇」，更沒有「輕鬆」、「緊張」、「高潮」，它把戲劇吸引人的要素都捨棄了，所以看戲的人，既不會「感動」，也不易引起「共鳴」。

年輕人喜愛驚奇，排斥傳統，認爲舊的都不好，新的都是好的，其實不然，我相信，看戲的人，跟我一樣，走出劇場時，會奇怪的問：爲什麼這齣戲叫「貓脖上的血」？因爲既沒有看見貓，也沒有看見血，爲什麼要取這樣的劇名？台詞中也沒有解釋，不如叫「外星人佛比」，還清楚明白得多。

參與演出的同學，個個都很賣力，但是主角佛比的吐詞，大概是爲了顯示外星人的身分，故意說得含混不清，最後一場，說了一大堆，不知究竟說的是些什麼，若再演出，可以改進。

佈景採取抽象形態，如囚犯關在籠子裡，模特兒的在平台上演戲，頗見巧思，幕啓時的雷射燈光，結束時的突然爆烈，均能收到良好的舞台效果，演員走位，及姿態的呈現，也凸顯了導演劉華的功力，盼該校來年的演出時，還是選傳統的舞台劇較爲適宜。不知該校校長，以爲然否？

——87·6·14青年日報發表

「曲身求愛」的欣賞

一

今年中國文化大學戲劇系的同學，在系主任黃美序的指導下，演出了十八世界愛爾蘭劇作家高德史密斯(Oliver Goldsmith)的作品「曲身求愛」(She stoopo to Conquer)，這是很少演出的一齣西洋戲劇，高德史密斯，也不若莫里哀、莎士比亞、王爾德那樣的有名，爲使讀者了解作者生平及創作之時代背景，特先略作介紹。

高德史密斯，出生於一七二八年愛爾蘭巴利馬罕區的一個又小又窮的鄉村裡，他父親是一個牧師。

他的童年是由家中女佣教他讀書，長大後，也沒有聰明過人，在學校裡，是老師認爲愚笨到無可救藥的孩子，後來因沒錢上大學，只好做公費生，廿一歲畢業時，成績是倒數第一名。

學成後，他來到倫敦做出版社的校對，後又受僱幫人寫稿維生。

卅一歲時，因評當時一本暢銷書，而漸漸出名，受邀請爲「英國雜誌」寫稿，而成爲當時最受歡迎的作家之一。

生前，他寫過詩、論文及小說。一生只寫過兩本劇本，一本是「好脾氣的人」，另一本就是「曲身求愛」，該劇於一七七三年公演，第二年一七七四年，他就去世了，他只活了四十六歲，可謂英年早逝。

一七七三年，距離現在，已二百多年了，在中國是滿清乾隆年間，在古老的英國，社會上貧富階級的歧視，仍是很普遍的，而子女的婚姻，和中國差不多，多半由父母來作主、掌控。

在高德史密斯之前，一五九四年至一六〇〇年間，莎士比亞就已演出過「錯中錯」、「仲夏夜之夢」、「馴悍記」……等錯誤喜劇，法國的莫里哀於一六六八年也發表過「守財奴」等性格喜劇，這些……可能也給了高德史密斯若干影響與靈感。

「曲身求愛」又名「錯誤之夜」(The Mistakes of a night)因爲全劇的情節關鍵，就發生在一個夜晚，因錯誤的誤認，造出一些笑料，但笑了以後，也會觸引起若干沉思與令人感傷，該劇能使人喝采，也就在這一點。

如今演出時將時代背景變成現代化……原劇保有的一些幽默風趣的對白，已被刪除了，十分可惜。

二

全劇的故事，敍述一有社會地位的紳士白先生，膝下有一子一女，子是太太與前夫所生，他並不在意，一心只想為自己生的女兒，找一理想的金龜婿，這一天，他約了好友麥先生的兒子麥尚豪來家，與其女相識。

誰知途中麥尚豪迷了路，正巧與白先生之子東尼相遇，東尼知其是登門求婚者，故意破壞，騙他說，前面有一家旅社，可以先前往歇腳，尚豪不疑有他，到了白家，就眞以是旅社，暫且住下。

白先生的女兒莎莎，這天穿了套樸素的服裝，來接待他，結果二人一見鍾情，談起戀愛來，尚豪竟忘了去白家求婚。

最後，弄清楚了，麥尚豪拒絕與白女成婚，執意要娶那位穿著樸素的女服務生，……此外，劇中還穿插了一條副線，就是莎莎有一表妹，住在白家，她有一筆財產，由白太太保管，白太太就希望其子東尼娶這位表妹，偏偏東尼又不愛這位有錢的表妹，也鬧出不少笑話。

當然全劇最後眞相大白，圓滿結束收場。

文大這一次的畢業公演，在劇本之改編、服裝之設計，以及布景之靈活應用，在在看出，他們確是花了不少心血，但是相隔了兩個世紀的西洋戲劇，透過改編的手法，呈現在舞台上，對觀衆來說，總有疏離的感覺，僅在最後一場高潮戲，我聽到一些疏落的笑聲外，其餘諸場，很少引起劇場看戲人的共鳴。

所以我覺得，西洋戲劇可以演，關鍵在改編的功力如何……若無法脫胎換骨，去蕪存菁，那就等於糟蹋了原著，是很令人惋惜的一件事。

——89·6·18青年日報副刊發表

《未央天》的欣賞

一

距今五十年前，民國卅九年我在陸軍八十軍所屬的「正義京劇團」擔任幹事，當時該團的團長張遠亭曾領銜演出過「九更天」這齣戲，也赤了膊抱了釘板，在舞台上滾來滾去，給我留下十分深刻的印象，歷久難忘。

想不到事隔五十年，最近我在「新舞台」，看國光劇團舊戲新演的《未央天》，也就是《九更天》；不過，經過了現代人的智慧，在劇情上去蕪存菁，無論在劇本、導演、佈景、燈光，都有了的手法，而演員唐文華精彩的演出，眞使我感觸良多。唐文華廿歲時，追隨名鬚生胡少安學戲，如今他已四十歲，而胡少安先生已仙逝……眞是薪傳有人，好的戲，需要有人薪傳。胡少安先生我在中視上班時，他來公司演唱平劇，製作平劇，好像未見他在電視上演過《九更天》。我是個戲迷，因此也與他十分熟稔。他唱腔嘹亮，中氣十足，非常人所能學會，唐文華年輕時花了苦功，才能得其眞傳，眞是觀衆有福了。

二

我是個編劇，我發覺改編該劇的劉慧芬女士，爲《未央天》，眞是下了工夫，值得稱道的有下列數點：

㈠她運用兩個更夫，以聊天的方式來揭開序場，然後在戲的進行中，更夫又串場連戲，十分高明。尤其最後收場，亦是他倆首尾呼應。

㈡全劇是一件情殺案，情殺案眞正的兇手是一對姦夫淫婦，寡婦紅杏出牆，與鄰居偷情，爲小叔發現，想不到姦夫把自己的太太殺死，又將人頭割去，將屍體放在小叔家門口，嫁禍於他……編劇將這些反面人物作爲，一律不使之上場，劇情立即切入書生米進圖蒙冤成了殺人兇手演起，而強調了義僕馬義救主的正面戲。

㈢爲了縣官要人頭結案，逼馬義回家要殺女兒去救主人，這是違反倫常的戲，編劇能抓住人物內心矛盾掙扎的戲，細膩、親切，又動人，最後，是女兒自殺，以成全老父的義行，使人覺得眞做到了「合乎情理之中，出乎意料之外」的高明手法。

㈣滾釘板這種酷刑，這是中國古時眞有的一種刑罰，到了清朝尚未廢止，《楊乃武與小白菜》一劇中，楊乃武的姊姊欲爲弟伸冤，也滾了釘板。在舞台上滾釘板，需要演員有紮實的功夫底子才敢演出，否則會造成傷害。唐文華表示十七年前，他曾演出過該劇，這一次加上文武場音效，燈光的配合，氣氛肅殺、懾人心弦。

《未央天》演出的成功，導演石玉昆功不可沒，他是大陸上一級導演，有豐富的舞台經驗，傳禱的舞台設計，他留學英國，主修舞台設計，完全打破了傳統的平劇佈景形態，令人耳目一新，充分發揮了牡丹綠葉的功效。

——90・12・24青年日報刊出發表

「汪洋中的一條船」戲劇演出

一、

殘障十大傑出青年鄭豐喜寫的自傳體小說：「汪洋中的一條船」，自民國六十二年第一次出版單行本時，書名是：「汪洋中的破船」，因爲他自幼出生，雙腿畸形彎曲，不良於行，乃自喻是一條「破船」。但出版後轟動一時，人人爭相閱讀，當時的蔣總統經國先生讀了，也爲他的不幸遭遇所感動，認爲不該叫「破船」，遂改爲「汪洋中的一條船」。一本文學作品，能受到主政的總統關注，這種情形是很少見的。

當年這本書出版後兩年之內，暢銷了廿多版，鄭豐喜也因出版這本書，六十二年三月，先榮獲十八屆「青年獎章」，同年九月，又當選爲是年的「十大傑出青年」。

孰知天妒英才，六十四年九月，他就以「胃癌」逝世，離開了他奮鬥廿餘年的世界，那一年，他只有卅一歲，噩耗傳出，全國上下，都爲之同聲一哭。

那一年，我在中視公司上班，有意將這本小說，改編成電視連續劇，在螢光幕上演出，劇本可以完成，但演出時，技術上，有很大的困難，因當時的電視劇，多半攝影棚現場演出，如何找到一位童星，他本身也是雙足不良於行的，能爬著上學，克服萬難，學會騎腳踏車，再說鄭豐喜成年後依然不良於行，進入大學就讀，這樣的男主角更不好找，遂打消了這個念頭。

後來，中央電影公司，將之拍成了電影，搬上銀幕，由張永祥編劇，李行導演，秦漢、林鳳嬌分任男女主角，鄭豐喜的童年，由童星歐弟飾演。電影可以用化妝及鏡頭剪輯等技巧，使正常的演員改裝成雙腳畸形扭曲的殘障者，看不出半點是假裝的。民國六十七年這部電影，除在「金馬獎影展」中榮獲最佳劇情片的榮譽外，李行獲最佳導演、張永祥獲最佳編劇獎；秦漢獲最佳男主角，陳坤厚獲最佳攝影獎，童星歐弟更獲得演技優良特別獎，是這一年影展中的大贏家。我曾看過這部影片，最後劇終前，看見鄭豐喜病重垂危時，口湖鄉有上萬的村民爲之築高台，向上蒼祈禱情景，也爲之淚濕衣襟。

二、

歲月匆匆，眨眼之間，已過了廿多年，鄭豐喜死後，他的遺孀吳繼釗，在口湖鄉建成了「鄭豐喜圖書館」，而他生前奮鬥的事蹟，更被編入了國民小學六年的國語課本中，成爲家喻戶曉的青年楷模。

廿年後，殘障青年裝義肢，坐著輪椅，在大學完成學業，已不是件稀奇的事，可見，我們社會較之以往，確已有長足的進步。

不久前，看到公視播出「汪洋中的一條船」的電視連續劇，勾引起我不少深切的回憶；我們的電視劇，也跟廿多前的情況不一樣了，一些當年無法克服的困難，如今都能迎刃而解，電視同樣可以將正常的演員，扮演一些殘障人士，而不露出半點痕跡，童星兵承融演童年時的鄭豐喜，兩腳因歪曲，練習學騎腳踏車，不知摔了多少次跤，吃了多少苦頭……最後終於成功的戲，眞令人深深感動。

製作這齣戲的林清介先生，廿多年前，也是在家境困苦的情況下，完成大學畢業，他當年編寫「汪洋中的一條船」的電影劇本，雖在中華民國電影基金會徵求電影劇本的徵文比賽中，獲得第一名，但未能被拍成電影，終覺遺憾。但後來他出版了該劇的單行本，也拍了不少學生電影，成爲知名的電影導演，但心中仍耿耿於懷，始終不願放棄這一題材，在製作電視連續劇時，耗盡了心血和財力，希望能做的，比電影還要好。電影只映二小時，而電視劇廿集，等於四十個小時，我將兩者比較之下，果眞內容方面，比電影容納了更多賺人眼淚的好戲，尤其，把當年農村落後，貧苦的情景，一點一滴，重現於螢光幕，使人看不出製作方面有絲毫疏忽的馬虎。

飾演童年的演員兵承融，因電視童年的戲加重，演得逼眞更是感人肺腑，而長大成人翁家明的表演，更是凸顯出他十分賣力。與吳繼釗相識相戀，在中興大學採實景拍攝，更覺眞實與親切，裝義肢的內心矛盾掙扎的戲，也較電影上細膩而踏實，在長達一年多的製作拍攝過程中，林清介求好心切，更換了不少導演與編劇，報紙報導他爲求戲好，還賠上了不少錢。

「一分耕耘，一分收穫」，汪洋中的一條船，這一蘸血淚完成的作品，因著電影、電視的演出，永垂不朽。

說不定再過廿年，還可能有人將之改編成「舞台劇」演出，也說不定呢！

——89・5・17青年日報發表

人間四月天——幕前幕後

「公視」播出「人間四月天」後，各方反應熱烈，咸認爲是一齣難得的好戲。中華民國編劇學會有鑒於該劇的成功，主要的幕後功臣是該劇的編劇與導演，乃由我發起爲之召開了一次「座談會」，專程邀請編劇王蕙玲小姐與導演丁亞民先生出席，說一些「摩迷」們不知道的幕後秘辛，頗值得爲之一記，說明「看戲容易做戲難」。

王蕙玲小姐從事編劇工作已長達十五年，她的作品「京城四少」編劇學會曾頒給她一座「魁星獎」，此外，她編的「歡喜樓」、「第一世家」、「女人三十」……也都獲得不少好評，她爲編寫「人間四月天」……除了翻閱「徐志摩全集」外，並參閱了不少有關他的書籍，先消化收集到的資料才著手創作，劇中有不少英文的對白，亦由她自己動手撰寫，而丁亞民導演爲求愼重，到英國拍外景時，還請英國人過目，唯恐不合。幕後人員的心血，看戲的人不會知道。

有一場戲，王蕙玲寫林徽音與梁思成在一起喝茶，聽京韻大鼓唱「黛玉焚稿」，想起把徐志摩寫給他的情書，付之一炬時，不禁百感交集，但實際去拍攝這場戲時，大陸上卻不易找到會說這一段京韻大鼓的演唱人員，後來好不容易找到一位，結果唱的雖是「黛玉焚稿」，唱詞卻粗俗不堪。爲了拍這一場戲，導演耗去了好幾小時，才完成剪接。

寫戲的人用了心，但實地拍攝時卻會遭還到一些意想不到的困難。有不少年長的觀衆，認爲劇中陸小曼吸鴉片煙的動作，與實際情況不合。丁導演說：當時因找不到那套抽鴉片的煙槍、煙燈，更找不到眞的鴉片，無可奈何，也只能馬虎地虛應故事。

丁亞民導演，過去自己也編寫過不少電視劇，像華視播出的「紅樓夢」、「藍與黑」……等也有十餘年以上拍戲的經驗，這一次，他導王蕙玲的劇本，還是兩人第一次合作。去英國出外景，除畫面要求盡善盡美外，更力求符合史實。劇中有場戲，梁思成因車禍傷了腿，從此有一隻腳不良於行。在拍攝時，爲確定究竟是左腿，還是右腿，難以決定，因爲從一些照片上看是左腿，但是據梁思成第二任太太說是右腿。究竟那一個說的正確呢？……爲求與眞實的情況符合，可把丁導演難住了，最後決定依梁太太所說是右腿，照片有可能反印的……就這一點，可見，他們爲求完美，可謂煞費苦心。

還有一場戲，是徐志摩與林徽音情意相投，在康橋下擁吻的戲，爲了安排下雨，襯托氣氛，因當時英國沒有下雨，只有下「人造雨」，當時用馬達抽了四個小時的河水，連水管都破了，下雨的要求，仍難達成，……而耗時太久天色已暗，最後依靠黃昏來臨光景，替代下雨，畫面才差強人意。

還有人說「人間四月天」中，陸小曼的服裝太現代化，不像民國初年的裝扮，事實上，劇中人每人都準備了不少服裝帶去，但是仍難如人意，如陸小曼結婚穿的那套禮服，也是斟酌了很久，才沒穿鳳冠霞帔的老式新娘服。

幕前看戲的人，挑毛病很容易，幕後工作人員的辛勞，是一般人想不到，也無法想到的。

有人說，四月天的角色挑的好，事實上，丁導演說，黃磊演徐志摩、周迅演林徽音，都是在千挑萬選中才決定的，當時有些冒險，沒想到他們會演得這麼傳神，該流眼淚的，眼淚自然地流了下來。

——89·3·18 青年日報發表

「秀姑」的欣賞

一、

基隆培德工專影視科同學，畢業公演了王生善教授生前的作品《秀姑》，殊為難得，值得為之一記。

《秀姑》這一個劇本，最早在「中視」頻道上演出的是「單元電視劇」，後來改編為國語連續劇《泰山紅顏》，仍由邵曉鈴女士主演，獲得相當的好評，這齣連續劇由我負責製作，由王生善、蔣子安、吳宗淇、王鼎鈞和我五個人聯合編劇，那是民國六十一年間的事，距離現在已經卅年了。

導演齣戲的劉華女士，是王生善的得意學生，她畢業於國立藝術影劇科，求學時就演了不少電視劇，後來又演出電影；畢業後，赴美做進一步的學習與磨練，在美國紐約布魯克林學院獲戲劇碩士學位，再返母校任教，這一、兩年，她導演過「藍與黑」、「戀愛一籮筐」等大戲，榮獲中國文藝協會頒戲劇導演「文藝獎章」，她的導演功力已獲得社會大眾的肯定。

二、

《秀姑》原劇的時代背景，是在民國初年北方一個農村所發生的故事，這次爲拉近與觀衆的距離，改爲現時代的台灣，有不少情節都由劉華做了局部的修正，佈景、道具、服裝，因前校長周仁培及文建會的支持，相當符合劇情、相當不容易，其中有幾幕是只換道具、裝飾、不換景，也配合得無懈可擊，充分表演了同學間通力合作的精神。

演出方面，演秀姑的陳如茵同學，能抓住秀姑忍冤受屈認命的精神，扣人心弦，十分難得；演她父母、公婆等同學，限於本身年齡的限制，稍覺稚嫩，但亦看出，他們皆已盡力而爲。

最後一幕，由屋內變爲外景，鄉民四處尋找「阿勇」的下落，用乾冰營造氣氛，頗見突破的創意；但最後仍未能找到阿勇，有戲未做完整交代之憾。我覺得，再次演出時，不妨安排最後關頭，意外在一條水溝中，找到了負傷的阿勇，作爲結束。當更爲圓滿些，不知演出單位認爲然否？

——92·4·12 青年日報發表

四、廣播劇

廣播劇與蝴蝶

一

從事廣播工作廿年，參與廣播戲劇演播十七年的中國廣播公司節目部副理蘇文彥先生說：

「有人形容廣播劇，是一隻亮麗的蝴蝶，翩翩起舞時，令人引起許多遐思想像；然而它卻是稍縱既逝，無法再捕捉，無法再沈浸。」

如何能將廣播劇的美麗，不在稍縱既逝，無法捕捉，而能再不同的時空中，不同的人們間，甚或不同的國度裡，永恆的呈現，一如那些古典的樂章，永遠爲人傳頌！這是我近年來，時常思索的課題。

民國八十六年十月廿八日，國軍新文藝輔導委員會，特頒發一座「特殊貢獻獎」的獎座給我。由國防部前副參謀長唐飛將軍，在「國軍文藝活動中心」親自頒授。與我同獲此項至高榮譽的，尚有劉毅夫（新聞報導）、吳劍虹（國劇）、朱西寧（小說）、黃瑩（音樂）、鄧雪峰（美術）等五位先生，而我是以「影劇」得獎。每一項目，只有一位得獎人，可謂得來不易。

這項獎勉，對我而言，是非常大的鼓勵與肯定，也使我決定將寫作廣播劇四十年來，一些比較滿意的作品，結集出版一本「廣播劇選集」，我想，將如美麗似蝴蝶的廣播劇出版，使之能薪傳下去，當是我對此項獎勉，美好的回饋。

十幾年前，我出版過一本「姜龍昭劇選第一集」，以後民國七十七年，又出版了「劇選第二集」，但都是電影劇本、舞台劇本，這一次，我出版的「姜龍昭劇選第三集」，則全都是廣播劇，共包括了十一個廣播劇本，是我八十年至八十六年間，在漢聲電台及中廣公司播出過的，有些都已一播再播，其中「異鄉」一劇，還使我榮獲去年中廣公司最佳廣播劇「日新獎」。

二

回憶我第一次寫廣播劇，是在民國四十六年，那時我卅歲，電視尚未開播，當時播演廣播劇的，只有中廣公司，每週播出一劇，我寫了一本「葛籐之戀」投寄過去，久久未見採用，等了半年之久，一再去催問，最後被退了回來，當時無別的出路，等於白忙了一陣，後來，幸好教育部公開甄選廣播劇本，我寄去應徵，結果入選獲獎，由教育部將此一得獎作品，再轉送到中廣公司節目部才被播出，已是四十八年一月四日了。這四十年來，我整理保存的劇稿，發現我前後寫了近一百七十個廣播劇本，因此得獎也得了九次之多。我寫的廣播劇，有些分上、下集，或分上、中、下三集播出的，也有一週分六集播出的，正確的字數，已無法統計，唯概略以一本一萬五千字計算，當在二百五十萬字以上。

廣播劇，在民國四十年代是它的「黃金時代」，到了民國五十一年後台視、中視、華視相繼開播，已走入低潮，唯近年「有線電視」崛起後，電視連續劇的氾濫及水準低落，連每晚八點檔的國語連續劇，其收視率已低到只剩百分之十左右時，聽廣播劇的聽衆，卻相反的又漸漸抬起頭來，目前，它已改在深夜播出，但夜深人靜，聽廣播劇，卻另有一番滋味，最近這幾年我寫的廣播劇，經常有一些友人及學生收聽後，向我陳述，頗有「空中存知音」之感。

出版界近年天天有新書出籠，但很少有出版廣播劇本者，一些年輕朋友，在我辦的「龍昭編劇班」內，也向我反映，要想學寫廣播劇，卻找不到一本參考書籍，這也引起了我出「廣播劇選集」的動機，收集在這本書中的十一個劇本，有現代時裝的，也有歷史古裝的，我自己十分珍惜，希望愛好戲劇的朋友，也喜愛它們。

——87·4·26青年日報發表

廣播劇穿梭在熱門與窄門間

一眨眼，半個世紀過去了。民國四十一年，中廣公司固定每星期日晚八時播出「廣播劇」，一個月四齣戲，固定由朱白水、劉非烈、趙之誠、劉枋四人輪流執筆，因那時候，大家都不清楚「廣播劇」要怎麼寫，唯恐「斷稿」。中廣乃不得不由固定作家輪流負責。那時代沒有電視，電影也難得一年拍上一、二部，在沒有其他「娛樂」競爭情況下，「廣播劇」一枝獨秀，十分吃香。到了星期日，全家不外出，守在收音機前聽「廣播劇」。崔小萍任導播，李林配音，唐翔錄音，四、五十歲年紀以上的人，對它都有一份難忘的回憶。

那時的「廣播劇」，是個「熱門」，但也是「窄門」。因爲只有一家電台播「廣播劇」，又因有固定的班底，外人不容易介入。到了民國四十五年，始稍有開放，但要擠進去播出你的劇本，難如上青天，一則，外來投稿堆積如山高，而每週只能播出一劇，因「廣播劇」與發表於報刊雜誌上的小說、散文不一樣，文字透過廣播，在空中與廣大聽衆接觸，聽見的人數較廣，區域亦遠，而文字變成了聲音，在加上音樂、音效播出，眞是由「平面」進入「立體」，有聲有色。一般寫小說的作家，也不免心嚮往之，這樣「入門」的機會，就越來越窄，

姜龍昭與女兒姜蜜在美觀賞「歌劇魅影」

我最早寫的一本廣播劇，就在中廣積壓了半年，去了三封信，才被退回，後來參加教育部辦的徵求廣播劇得獎後，才轉送給中廣播出的，那已是民國四十八年間的事了。

從四十一年到民國五十一年，可說是「廣播劇」最風光的「黃金時代」。

民國五十一年十月，台灣有了電視，不久誕生了「電視劇」，……進而有「閩南語電視劇」、「古裝電視劇」……再進入「電視連續劇」。「廣播劇」開始逐漸式微，不再受到社會大衆的熱愛，光彩由絢麗而趨向黯淡，再加上電影的拍片量增加，夜總會表演「秀」的多采多姿，聽「廣播劇」的人，越來越稀少了。

其間，「廣播劇」爲了適應聽衆要求，而有了「廣播連續劇」，也出版了「廣播劇

姜龍昭（左一）與家人合影

唱片」，接著是發行「廣播劇錄音帶」。我寫的「孟母教子」一劇，爲了慶祝母親節，每年播出一次，很受人歡迎。五十九年，發行了廣播劇「錄音帶」，民國八十二年，電台爲拉回「廣播劇」的聽衆。選出當年播後最受聽衆喝采的六個廣播劇，製成一套「懷念廣播劇」錄音帶，而我寫的「二姊的妙計」也被選中。

民國八十八年，廣播劇名導播崔小萍女士東山再起，重新在電台中執導「廣播劇」，希望把失去的聽衆拉回來。崔小萍特請一些資深作家，改編名劇作家曹禺先生的作品，那些轟動大江南北數十年的「雷雨」、「日出」、「原野」、「北京人」，都被編成了廣播劇，而我也被邀請改編了「雷雨」。爲求能永久流傳，我將「雷雨」的四集廣播劇本，出版單行本，並納入「姜龍昭劇選」第四集。

有人形容「廣播劇」的壽命，不如一隻蝴蝶。因爲它播出時。雖有聲有色，翩翩起舞時，令人聽了會勾引起無限想像空間，但聽完後，如煙霧在空中消失，更猶如蝴蝶短促的生命，再也無法沉浸、捉摸。

如何才能將「廣播劇」保存到永恆的呈現呢？能像一些不朽的古典音樂，永遠爲人傳誦嗎？在不同的時空中，我想起，只要將這隻美麗的蝴蝶，製作成標本，不就可以如願以償了嗎？

我想到，不妨將一些令人難忘的「廣播劇」，製作成能永久保存的「錄音帶」。我四十多年前播出的第一齣廣播劇「葛籐之戀」，是崔小萍執導，原是不對外開放錄音保存的，去年開放後，他們拷了一卷帶子給我，讓我能重新聽一遍，眞是其樂無窮。

其次，我將自己寫的廣播劇，近兩百個中，精挑細選了十一個，連同「雷雨」連續劇，出版了兩本「廣播劇選集」，這樣做，雖然聲音是不易聽到了，但印成書，則是永恆的，若干年後，還是有人看了書可以回味一番，……你說是不是呢？

——發表於 2000 年 4 月號「國際廣播雜誌」

仙人掌的故事

——「覆巢」改編廣播劇演出前言

「覆巢」是「臺副」六十八年十二月份的「鑑賞小說」，發表於十二月廿八、廿九兩天，刊出以後，曾獲得讀者交相讚譽迴響多篇，已於今年元月在「臺副」陸續刊載；最近又經由中國廣播公司約請姜龍昭改寫成廣播劇——「仙人掌的故事」訂於晚上八時，在全國聯播節目中播出。

——編者——

一、

曾焰女士的長篇小說：「七彩玉」在中央日報連載期間，我因平時工作繁忙，未有逐日拜讀，及後出版了單行本，經由友人的推荐，我始購買了一本，一口氣將之讀畢，我深爲該書的內容所感動，覺得是一部非常難得的小說，也是文藝界一朶罕見的奇葩。

今年五月間，爲了配合「文藝季」的來臨，我花了近一個月的時間，將「七彩玉」改編成廣播劇，取劇名爲「生死邊緣」，在每週日全國聯播廣播劇的黃金時間內，分上、中、下三集，連續三週播出。

「七彩玉」的主要內容，全部包涵在「生死邊緣」劇中，只是因受播出時間的限制，只能加以濃縮、刪修，尤其是全劇的結局，我大膽的將劇中的男女主角，安排離開了滇緬邊區，來到臺灣，投入自由祖國的懷抱。該劇播出後，因情節有血有淚，絕大部份，是作者冒險犯難親身所經歷，致頗受聽衆歡迎，我爲了使原作者曾焰女士，也能收聽到此劇，特打聽到她在泰國的通訊地址，請中廣公司代爲錄了二卷錄音帶寄給曾女士，收聽留存紀念，錄音帶寄出時，我還附寄了一本「姜龍昭選集」給她，請她指教。

十天以後，我收到了她的回信，她對我的改編，甚感滿意，茲將其來函錄如下：

尊敬的姜先生大鑒：您好，承蒙關懷，所賜大作，及來函，並錄音帶三卷，均已於近日收到，十分感謝，連夜聆聽了先生大作「生死邊緣」的廣播劇，深覺製作不錯，主題鮮明，內容突出，有些地方經先生豐富經驗之處理，比原拙作改編得更合情理而又貼切，鑒於廣播劇時間的限制，刪修處也十分得當。

拙作「七彩玉」，正如先生所言，全係焰等親身經歷，拙作中所敍述的情節，不過僅爲實際遭遇的十分之一，甚或更少，由於焰學識淺薄，難免掛一漏萬，拙作之完成，實在差強人意，奈不足之處，心有餘而力不足，惟有深覺遺憾矣。

蒙先生錯愛不棄，如果能將拙作改編爲電影劇本，搬上銀幕，此誠是焰夢寐以求之宿願，拜讀先生大作後，更知先生才高學富，是自由祖國影視界元老輩的學者專家，先生著作等身，貢獻卓越，榮譽顯赫，焰乃一無名小卒，竟獲先生提拔栽培，此乃焰之莫大榮幸焉，實感激之至。

就先生大作「生死邊緣」廣播劇內有些情節，焰有些粗劣之愚見，現斗膽就教於先生，以求與先生商榷示正。姚小嬋在莫錫山重病之前，曾發惡夢，先生改爲小嬋夢見回家，被共幹捕獲揪鬥，而警醒……焰愚見認爲，小嬋夢回家園，乍見家破屋空，一片淒涼，父母家人不知去向，比較不落俗套而又動人。因爲當時共幹繼知識青年下農村後，又大搞其所謂城鎮人口疏散下放，以挽救其因「文化大革命」所導致的經濟崩潰，許多人被迫變賣所有的家具，攜兒帶女離開城市，當時情形之悲慘，眞是史上罕聞，一時間當眞是十室九空，妻子兒女各自東西，許多老年人和病弱者，竟死在飢寒交迫的下放途中，許多人家破人亡。至今回憶，尤覺淒涼。焰的父母，也帶著年幼的弟妹，被下放到廣西南部山區墾荒，父母親人不得團聚，這是共黨人爲的災禍，令人心惶惶，怨聲載道，這血淚辛酸的情形，在海外，較鬥爭批判，知青下農，更鮮有人知，而那隻啄人滴血的兇殘大鳥，就是共黨的化身，不知先生意見如何？

如果是拍攝影片，焰之市俗愚見以爲，還須顧及海外市場的行銷，反共的策略，改爲影射含蓄，較更易爲人們所接受，也更能引起人們從人性和良知上，來認清共產暴政的黑暗恐怖，就如先生在大作「喚醒我們的國魂」文，中所說的「側面反共電影」，更適應粉碎共黨在海外所搞的卑劣統戰。以個人的遭遇，反映時代的縮影，會予人更眞實的感覺。焰以爲這也是請先生將拙作改編電影的動機和目的，不知然否？

又最後，廣播劇以男女主角回到自由祖國而告終，這實在是理想的結局。實際上，我們自始至終，一心希望能回到自由祖國，也曾多方設法，並多次申請回臺，然均未被獲准，致使焰等至今被逼羈留異國，作身份不合法之難民，故此焰在拙作中不得已，只好以男女主角，仍回緬甸而終結。

另，男女主角在東枝被緬方捕獲，是往泰國而非去仰光，因從臘戍去仰光，是不經過東枝的，請先生參閱地圖便知，此乃小問題，請先生不必介意。

拙作「七彩玉」能蒙先生之發掘進一步深入的介紹給大家，焰在此再次向先生表示深切的謝意，和衷心的敬佩。

又蒙先生關懷，詢及焰近來寫作情形。焰近年除「七彩玉」外，還寫過兩個長篇，其一「風雨塵沙」，現投「青年戰士報」，字約廿萬餘，其一「勞改犯的女兒」，投中央日報，字約廿四萬餘，此二稿寄出已久，不知能否刊載，還在未測之中，另有數篇短篇，在港臺發表過，其中「覆巢」，在臺灣日報六十八年十二月廿八、廿九日，作爲鑑賞小說刊載過。焰以爲「覆巢」較適於改編爲電視或廣播劇，特附寄信內，供先生製作參考，焰因僅有這一份剪報，先生閱後，煩請先生寄回，以便留存。焰近在撰寫另一長篇「雲南白藥傳奇」。尚祈先生常來函賜教，有盼先生多多栽培，敬頌

編祺並闔家歡樂

晚輩曾焰　敬上

二、

「覆巢」的字數不多，約一萬五千字，人物亦簡單，出場的僅四、五個人，主題明朗，強調生活在共產暴政之下的人民，如覆巢之下，難求完卵一般，情節從頭至尾，緊扣人心，使人非一口氣讀完不可，確是改編爲劇本的好材料。

尤其是其中，女主角祁月娥被匪幹佣仙人掌來打她的臉頰，使之成爲血肉模糊的一片，這種極盡慘無人道的酷刑，在這些年來的各種共黨暴行報導中，尙是前所未聞的，留給我的印象，最爲深刻。

這些年來，緣於生活的安定與繁榮，在寶島長大的一般年青人，一直過著舒適安樂的生

活，對於共匪之暴政，眞所謂一無所知，近聞有些大學畢業生，一旦到了海外去留學，禁不住共黨統戰份子花言巧語的誆騙，就會發出一些反政府的言論，甚至爲了賺一、二十塊錢的美金，盲目的參加一些「臺獨」組織的示威遊行，聞之眞令人失望痛心。只有親身受過共黨迫害的人民，才會產生這樣血淚交迸的「反共文學作品」。

繫於反共宣傳人人有責的心理，我抛下別的寫作，很快的把「覆巢」改編爲廣播劇。在改編的過程串，有幾點是希望原作者能瞭解和原諒的：

第一、我把原作中的時代背景延後了，原是發生在民國卅九年共黨在推行「土改」時，對地主富農家庭的迫害，距離現在，已隔了一段相當時日，爲求新鮮、親切，我把時間延後發生在共黨推行四個現代化的今天，地點則仍是北平的近郊李家村。

第二、劇名原應沿用小說原名「覆巢」，但因這一原名，暗示了全劇的悲劇結局，就戲劇編寫的原則來說，一個不易使人猜得出全劇結局的劇名，要比使人一看便知結局的劇名，更吸引人些，因爲這一層的原因，我大膽的用了一個新的劇名：「仙人掌的故事」，希望原作者能同意。

第三、全劇的故事情節，原文是順序進行，改編爲廣播劇時，爲使聽衆有親切感，我們用一對父女在說故事的對白，來貫穿全劇，以一個小女孩看見家中所種的仙人掌，突然開花，要父親一同去欣賞來做引子，引出這一個悲慘的故事，這樣可以吸引一些年輕的小朋友，也樂意來接受聽這齣廣播劇。

第四、在改編的過程中，我發覺時間由略嫌短了一些，乃不得不略予增添一些新的情節，把嬰孩的生，死安排成一個懸疑，使滿臉創傷的月娥，保留一絲生的希望，善良好心的老福伯，偷偷埋葬李文皓的頭顱，最後被查出，也遭殺害，雖說可能殘酷了些，但也是有此可能的。

「仙人掌的故事」廣播劇，已由中國廣播公司廣播劇團錄完成，排定七月廿七日（星期日）晚間八點十分全國聯播時間內播出，因「覆巢」的小說，曾由臺灣日報的六十八年十二月廿八、廿九日的副刊，以「鑑賞小說」隆重刊出過，在該劇未播以前，特將編寫前的來龍去脈，向讀者們作一番說明，盼喜愛曾焰女士小說的讀者，不論曾否閱讀過原著，屆時都能注意收聽，並賜給我寶貴的批評與指教。

——中華民國六十九年七月二十七日台灣日報發表

我將《雷雨》改編成廣播劇

名劇作家曹禺創作的舞台劇《雷雨》，眞可說是「名滿天下」，凡是上了年紀，又愛好戲劇文學的人士，幾乎都曾欣賞過他的舞台演出，或閱讀這這一轟動文壇的力作。

距今十餘年前，我出版了一本《戲劇評論集》，文壇大老陳紀瀅，在爲我寫的「序文」中，曾提及《雷雨》。他說：

「近來，我閱讀《香港時報·文學天地》周刊發現，有人以六次長篇連載〈論曹禺〉，其中包他在卅年代，所編寫的《雷雨》、《日出》與《原野》。說他那齣戲，是受西洋人易卜生的影響，貶多於褒，此固見仁見智，有批評的自由，但回想卅年代，曹禺的劇本，演遍了大江南北，到處轟動的情形，今天凡六十歲以上的人士，豈不宛在眼前？而劇本能令人百看不厭，絕非簡單的事。」

《雷雨》戲劇成就廣受肯定

以〈曹禺戲劇研究〉論文，在美印安第那大學獲得比較文學博士的劉紹銘，雖對曹禺的作品，有不同的看法，但他也承認，在中國劇作家中，曹禺是最受讀者和觀衆歡迎的劇作家。

五十多年前，我在大陸讀中學時，即曾研讀過《雷雨》，以後也曾在舞台上觀賞過該劇的演出，更曾在收音機前，收聽過宣讀該劇的播出，但從未聆聽過根據該劇改編的「廣播劇」，五十多年前，還未有「廣播劇」這一專有名詞。

來台這些年，該劇「列入禁書」範圍，年輕一代的朋友，恐怕很少有閱讀過，有不少學生，很想買一本來看一看，卻找不到出售處。

很幸運的，中廣公司爲使名廣播劇導播崔小萍女士復出重現她的光彩才華，她再三考慮，決定先將曹禺的名作一一改編爲「廣播劇」。

說到改編《雷雨》爲廣播劇，首先要提及的是現任中廣公司的總經理李慶平，他年輕時，是個廣播劇迷，經常收聽崔小萍執導的廣播劇，相隔了卅年，仍然難以忘懷。

他就任中廣公司總經理一職後，先是專誠赴台中去拜訪崔小萍，希望她能重「回娘家」，爲中廣再重現她往昔的風華與光彩。

在民國四十六年到五十七年前後，崔小萍爲中廣導播的「廣播劇」及「廣播小說」，風靡了整個寶島，那個時代，電視尚未十分發達，每逢周末，大家都守候在收音機前，聆聽她導的廣播劇，爲之熱淚盈眶者有之，爲之輕鬆歡笑者有之，後來，因著「白色恐怖」的關係，崔女士含冤入獄，失去了自由，從此，廣播劇開始沉寂，不再爲社會大衆所熱衷。

臆想不到，崔小萍失去自由十年後，能再度受到中廣總經理的關懷，希望她東山再起，她的喜悅與感動，是可以想像的。

李總經理於去年十二月廿九日，在中廣公司召開了一項盛大的歡迎茶會，介紹崔小萍與昔日老友見面，並於八十八年起，爲崔女士開闢一「經典劇場」節目，重行執導「廣播劇」，由名製作人江述凡擔任此一節目的製作人，首次廣播的劇目，決定先將曹禺的四大名劇改編成廣播劇，先播出《雷雨》，接著是《日出》、《原野》、《北京人》。

廣播劇是空中演給人聽的戲劇

蒙江述凡先生抬愛，邀請我改編《雷雨》一劇，希望我能爲崔小萍重振聲威，打響第一砲。正巧八十七年春天，我花了近半年的時間，蒐羅了不少資料，寫了一篇〈雷雨的剖析與曹禺的寫作歷程〉的文章，對《雷雨》一劇，仔細的研讀了好幾遍，遂非常樂意的接受這一邀請，在近一個多月的時間內，完成了這項工程，……脫稿後，自覺尚能保持原著精華，且發揮了廣播劇的特殊功能，茲將改編過程中，所觸及的一些問題，在此作一簡略的臚陳：

㈠「舞台劇」是在「舞台上演出，給人『看』的一種戲劇」，而廣播劇是在「空中演播，給人『聽』的一種戲劇」。兩者之間，明顯的有其不同處。改編工作，等於是將一件做好的「旗袍」，修改成一件「洋裝」，那樣的艱巨，需下相當的「功夫」與具備相當的「功力」。

否則會令聽衆，聽了半天，聽不懂。

㈡《雷雨》原著，共有四幕，此外尚有「序幕」及「尾聲」演出時接近五小時，因過於繁長，一般演出時，刪除了「序幕」及「尾聲」，仍有四個多小時，曹禺自己在文中，也承認過於繁長，計劃刪改縮短，但他自己說：「思索許久，毫無頭緒，終於廢然地擱筆。」在改編時，我也儘量加以濃縮，原打算縮成三集，最後，無可奈何，才寫成四集。「舞台劇」長十分、八分都不要緊，「廣播劇」則不能長過一分或是二分鐘，因超過了時間，很可能被切掉，控制劇本的長度，是廣播劇作者，必須嚴格遵守的「鐵則」。

㈢《雷雨》中有些對白，過分誇張，過分強烈，超越倫常，我也作了局部的刪修。

我眞是做夢也不曾想到，我會將五十多年前看過的《雷雨》改成爲「廣播劇」。猶如周樸園沒想到隔了卅年，侍萍還活著。記得民國七十九年，我隨「中國舞台劇會」理事長張英先生組團去到北平，拜訪「北京人民藝術學院」時，他們除演出《雷雨》的舞台劇供我們欣賞外，也介紹了曹禺的太太李玉茹女士，和我見面，我將隨身帶的一本小記事册請她簽名，並希望她能讓我去拜訪曹禺先生，李玉茹，一口京片子向我自我介紹她自己，說是上海京劇院的演員，並在我的記事簿上簽上她的名字外，還寫下地址，她說曹禺現住在醫院裡，不方便見客，我也只能回答說：以後常聯絡。想不到事隔九年，如今曹禺已離開了這個世界，而李玉茹也離開了北京，到英國去居住了。

——88·5·16、17聯合報副刊發表

「雷雨」曹禺一生的寫作歷程

中國廣播公司爲重振「廣播劇」的聲威，邀請崔小萍女士復出，特開闢「經典劇場」，由崔女士執導，江述凡、廖煥之兩人製作。

「經典劇場」劇正積極籌備中，將於四、五月間隆重推出，計畫中第一砲，先推出名劇作家曹禺先生當年轟動大江南北近六十年的四大名劇：「雷雨」、「日出」、「原野」、「北京人」。而最先演出的則是「雷雨」，也是曹禺先生的成名作。製作單位特邀請我爲改編「雷雨」之編劇，前前後後，我與「雷雨」之接觸，自卅四年開始，迄今亦有五十餘年矣。

「雷雨」原是一「舞台劇」，如今要將之改爲「廣播劇」，如要將一件已製作好的「旗袍」，改爲「洋裝」一樣，必須要花相當的工夫，因爲舞台劇是「看」的戲劇，廣播劇則是「聽」的戲劇；再說「舞台劇」長、短，十幾廿分鐘，都無所謂，而廣播劇則時間，必須嚴格控制，因爲超過半分鐘，就要被切斷。爲了使大家對曹禺創作「雷雨」的經過以及他一生的寫作路程，有所了解，特加細說一番。「雷雨」是曹禺最早問世的第一部作品。一九三三年完成，一九三四年在鄭振鐸主編的「文學季刊」第三期刊出，正式問世。首次演出在日本，爲鄭振鐸譯成日文，日本文學家大爲讚賞，稱曹禺是中國劇壇上的一顆彗星，在大江南北各大城市演出後，創造了瘋狂的賣座紀錄，後又被譯成泰文、俄文，遠赴俄國演出，公認是一部受人歡迎的力作。我想先將它的創作背景，向大家作一番介紹。

曹禺本名萬家寶，曹禺是他用的筆名。民前二年（公元一九一〇年）誕生於湖北潛江縣，唯出生不久，全家就遷往天津居住。他父名萬德尊，早年在張之洞創辦的「兩湖書院」就學，在天津任職，當過宣化鎮守使，獲中將軍銜，平生喜愛詩文，但性情急躁，動輒訓斥家人。

曹禺母親生下曹禺三天後，因「產褥熱」去世，由其孿生妹妹爲繼母，由保母段媽照顧他長大，他的童年，是孤獨而寂寞的，未享受到親切溫柔的母愛。他未上過小學，父親延請老師來家中教他讀「論語」、「孟子」，課餘之暇，他也看了「紅樓夢」、「水滸傳」、「西遊記」、「封神演義」、「三國演義」、「聊齋誌異」……等古典小說，同時，也常去戲院看戲。京戲、崑曲、河北梆子、山西梆子，他都愛看，是個十足的「小戲迷」。家中藏有「戲考」，以及林琴南翻譯的西洋文學作品，他都認眞的研讀。十一歲進入南開中學插班讀初二，十五歲參加「南開新劇團」演戲，他演過易卜生的「娜拉」、「國民公敵」、霍普特曼的「織工」，以及丁西林的「壓迫」、田漢的「獲虎之夜」，在戲中經常扮演女角，受到全校師生的稱讚。

這時，有一位留學美國歸來的學人張彭春先生，與之相識，他就拜張彭春爲師，進一步研究西洋戲劇，張彭春送了他一套英文版的「易卜生全集」，他一邊翻查字典，一邊閱讀，在三年時間內，將之讀畢，後來，他自己承認：「外國劇作家，對我劇作影響較多的，頭一個是易卜生，我從易卜生的作品中，學到了許多的寫作方法。」此外，他也喜愛莎士比亞、契訶夫、奧尼爾的作品，認爲從他們那兒，也得到不少益處。

十八歲那年，南開中學畢業，直接升入南開大學經濟系，這一年他父親投資的紡織公司破產，家道中落，父親也黯然逝世，但也在這一年，他開始構思「雷雨」這一劇本之寫作。

十九歲，他因對經濟學沒有興趣，轉學到清華大學西洋文學系讀二年級，專攻外國文學，同時學習法文、英文、德文、和俄文。這時他讀了莎士比亞英文版的全集。廿歲，他在清華大學再度演出「娜拉」，並著手翻譯英國劇作家高爾斯華綏的「最先與最後」，導演喜劇「骨皮」，及外國劇作：「太太」、「冬夜」等，是學校裡推動劇運的中堅活躍分子。

廿三歲那年，清華大學畢業，考入清大研究院研究戲劇，這一年，他歷時五年醞釀的「雷雨」劇本，終告脫稿。

從以上的介紹中，我們知道，他在創作「雷雨」以前，早已對中西戲劇之研究，打下了深厚的基礎，能一砲而紅，除了他天賦的睿智以外，還有後天的不斷努力。

嚴格的說，「雷雨」這一個劇本，並非沒有缺點，因爲當時，他只有廿三歲，出版演出轟動後，抗戰爆發了，這以後他以國立戲劇學校教務主任身分去了大後方。六十多年來，他又寫了一些劇本，他一生的寫作歷程，因大陸與台灣鐵幕深垂，一般人是很少知道的，這我依據手邊蒐集到的資料，爲大家說一說。他成名很早，作品卻不多。廿三歲完成「雷雨」，廿四歲出版，廿五歲首次在日本演出，然後才由天津等城市，陸續演出。這一年他廿五歲，完成了「日出」，廿六歲完成了「原野」。

前後四年，「雷雨」、「日出」、「原野」三劇的推出，打響了曹禺的名號。廿八歲時民國廿六年，七七抗戰爆發，他從天津先至香港，然後轉武漢、長沙，隨「國立戲劇學校」至重慶，出任該校教務主任，時政府爲配合「全民抗戰」，劇名爲「全民總動員」，由曹禺號召戲劇界結合藝人大公演，曹禺與宋之的二人聯合編劇，組成龐大的導演團裡，號召全國一流演員演出，時任教育部次長的張道藩先生，也在劇中飾演「將軍」一角，曹禺除爲導演之一，並親自參演一角。這齣戲表現愛國青年救國的決心，實際暗中開始爲「中共」作宣傳，劇中一名「黑字廿八」者，是一特務人員，是一幕後主角，後來中共統治大陸後，乾脆將全劇劇名改爲「黑字廿八」，該劇我只讀過劇本，過去因我仰慕曹禺，他編的劇本，我從不放過，後來聽友人說：「廿八」者，合在一起不是一「共」字嗎，始恍然大悟，其中另有文章。

抗戰開始，大批劇人都是共產黨員，或他的外圍分子，當時一批劇宣隊，由軍會政治部第三廳主管，廳長是郭沫若，另有共黨主要分子田漢、洪深從旁協助，曹禺在抗戰未爆發以前，並未參加過左派政治活動，但民國廿七年冬，演完「黑字廿八」，周恩來召見他，曹禺曾說：「我這一生在創作道路上，周總理對我的影響很大，那是很關鍵的轉變。」

廿九歲，他配合抗戰，完成了「蛻變」，卅歲完成「北京人」、卅一歲完成獨幕劇「正在想」，這些劇本過去我在大陸，均曾認眞拜讀過，民國卅年，軍委會發現左派分子活動情況，越來越嚴重，免去了郭沫若、田漢、洪深等人職務，加強整頓人事，注意思想上有共黨嫌疑之人員，當時，曹禺已受到監視、搜查，創作受到干擾，原計畫編寫的「三人行」劇本，遂未完成。

卅二歲，他改變寫作路線，改編巴金的長篇小說「家」出版，卅三歲，他翻譯莎士比亞的「羅蜜歐與茱麗葉」。「家」演出轟動，「羅蜜歐與茱麗葉」之譯本流暢優美，此二劇，我也都仔細看過，尤其是莎士比亞在「羅」劇的愛情對白，我記得當時還做了箚記，將之抄錄下來反覆吟誦。

勝利以後，他先與老舍赴美講學，於卅七歲返國，完成了電影劇本「艷陽天」，由石揮主演，在上海放映，我曾經看了，極佳，他眞是一個才氣橫溢的劇作家。

民國卅八年，大陸淪陷，我到了台灣。

這一年，曹禺的身分正式公開了，他當選「中央全國文聯委員」、「文協（作協）委員」、「劇協常委」及「影協委員」，並出席「中國人民政治協商會議」，負責對外文化工作，同時亦是新成立的中共「中央戲劇學院」的副院長。

從此，他輝煌的創作生涯，開始結束，走上處處受共黨思想箝制統治的坎坷之路。

民國卅九年，曹禺四十歲，被派入工廠體驗工人生活，參加浚淮工程、安徽土改運動，及文藝整風、思想改造運動。

四十一歲，奉命對「雷雨」、「日出」二劇，進行修改。「雷雨」之主題，不再是「暴露大家庭的罪惡，毀謗封建專制家庭的腐朽」，而改爲「揭露資產階級的罪惡歷史，並表現勞動人民之悲劇遭遇與反抗要求」。

曹禺開始痛苦掙扎，不得不修，又非修不可，不久，他升任北京「人民藝術劇院」院長。後來大概曹禺經與周恩來的一番懇切談話，同意編寫一個知識分子接受共黨思想改造爲題材的劇本，經過一年多以後，「雷雨」與「日出」，始准恢復原來面目出版，「雷雨」有兩種不同的版本，台灣的讀者是不會知道的。

四十六歲，附和周恩來的指示，曹禺完成了中國「解放」後，第一本劇本「明朗的天」，出版後一年，該劇又由四幕改成三幕。

這個戲的主題是：「知識分子必須在共黨的教育下進行思想改造」。顯然曹禺的寫作態度與年輕時是不一樣了，過去「雷雨」、「日出」、「原野」一年完成一本，如今這本「明朗的天」，從四十二歲開始動筆，到四十七歲才完成。事後他自己說「明朗的天」，對他是個棘手的問題，因爲自己就是一個正在接受共黨思想改告的知識分子，使他不自覺地要與過去的創作，劃清界線。周恩來也說：「過去和曹禺同志在重慶談問題的時候，他拘束少，現在好像拘束多了。生怕這個錯，那個錯，沒有主見，沒有把握。」曹禺這時已失卻了文人藝術創作的獨立性格，眞是悲哀。

五十歲，曹禺爲配合共黨經濟危機，奉命先去勞動改造，再與梅阡、于是之二人合作編寫歷史劇「劍膽篇」，即勾踐復國的故事。五十一歲，又應政治要求去內蒙古參觀訪問，寫歷史劇「王昭君」，這也是曹禺一生完成的最後一本劇本。

曹禺寫這劇本中間，中斷了十六年，到他六十九歲時，才完成。曹禺說：「那是一九六〇年以前的事，周總理指示我們不要『大漢族主義』；不要妄自尊大，這是從蒙漢人聯姻的問題談起的，提倡漢族婦女要嫁給少數民族。」

五十歲開始動筆後，完成了兩幕，誰知情況突變，歷史劇怕有人借古諷今，成爲禁寫的題材，曹禺不得不因此擱筆。五十六歲到六十六歲，曹禺可能因「文化大革命」，被打成「反動文人」、「黑線人物」，禁止他再寫作，一直到他六十九歲，才宣布撤銷對曹動亂期間「犯走資派錯誤」的決定，然後他才能再赴新疆去完成「王昭君」這個劇本。

我在台灣，沒有看過「明朗的天」與「劍膽篇」，但由美國友人幫忙，看到了曹禺最後寫的這本「王昭君」劇本。

曹禺在劇本後面談該劇的創作經過說：「寫歷史劇，要忠於歷史事實，忠於歷史唯物主義，同時還要有『劇』，如果沒有戲劇性，別人就會打瞌睡，這個『劇』字就難了。」可見，在共黨統下的劇作家，眞是難了，處處要顧到「唯物主義」。

曹禺寫的「王昭君」與他人寫的，確是不一樣。過去演的「昭君怨」、「昭君和番」，王昭君都是哭哭啼啼的，離別父母家鄉，遠嫁到冰天雪地的番邦，而曹禺的「王昭君」，爲了配合周恩來的「大漢族主義」，她是深明大義，高高興興的去遠嫁番邦的單于，一滴眼淚也沒有，爲了配合政府，你覺得曹禺這齣戲，寫得非常成功嗎？

七十歲以後，曹禺未再有創作，直到他八十六歲去世。

——88·4·21～23青年日報副刊發表

五、追憶往昔

難忘的往事

經國先生去世已經十年了。年輕的一代，對他的印象已漸漸模糊，但他仍活在我的心目中，永難忘懷。

民國三十九年的秋天，我考取了初創的「政工幹校」，經國先生當時是總政治部主任，也是政工幹校的創辦人。入伍教育前兩個月，他每週去學校一次，和我們這批第一期招來的新生，作二小時的「精神講話」。

他在「精神講話」中，期勉我們軍中的政工人員，一定要「吃人家不能吃的苦，冒人家不敢冒的險，負人家不願負的責，忍人家不能忍的氣」；尤其是最後一句「忍人家不能忍的氣」，他向我們闡述忍耐的重要，可能當年他自己受過不少的氣，都咬牙忍了過來，才有這般深切的體認。

他把當時的「阿兵哥」都尊稱爲「今日的聖人」，因爲他們不求名、不求利，當年軍人的薪餉微薄，卻爲了國家民族的生存，不惜犧牲一切。

入伍訓練結束後，他要我們深入基層，直接到部隊的海邊碉堡去，過眞正的「當兵」生活。出發去當兵前，他說：「要將心交給士兵，然後才能使士兵的心交給國家。」他說話時，充滿熱情、活力，使我們這些熱血的年輕人，願意接納他的感召，爲了革命，吃苦受罪，無絲毫的埋怨。

當兵歸校後，他要一千餘名的入伍學生，每人寫一篇「犧牲與奮鬥」的論文，先由校方每一中隊選出優秀的三篇，計十二個中隊，共三十六篇，再由他在百忙中，親自評定分數，最後從這三十六篇中，選出最優的六篇，再親自接見「個別談話」。我有幸是六篇中的一員。那天，他召見時，問我：「最近讀了那些書？」我回答說：「正在讀鄒容寫的革命軍。」他聽了很高興，因爲鄒容是最年輕的革命先烈。

接著他又問我：「工作上有什麼困難？」我回答說：「沒有什麼困難！」那一次的講話，雖然只是短短幾分鐘，如今過了四十多年，我仍記得非常清楚。

民國六十三年，他任行政院長期間，又分批接見了三台優秀的電視工作人員，我有幸再度與他見面。他對我在中視製作的「春雷」、「長白山上」兩齣連續劇，十分讚賞，說他看到，還特地和我緊緊的握了次手，那時正巧有攝影說者拍了這個鏡頭，如今我將之放大，在客廳裡，成爲我最珍惜的一張照片。

在我的記憶裡，經國先生永遠年輕，有朝氣，是革命者導師，也是歷史上令人永遠懷念的巨人。

——87·1·12榮光周刊發表

一次難忘的握手

一

民國卅六年，我在故鄉蘇州的震旦大學附屬有原中學讀高中，當時我只有十九歲，因爲愛好文學、寫作，經常在報紙副刊上發表文章，校長就請我擔任了校刊的「總編輯」，因著拉稿的關係，使我認識了徐盈秋，他是江西人，抗戰時，在大後方居住，與我這在淪陷區長大的孩子，等於生活在兩個截然不同的天地裡。

徐熱愛話劇，受他的感染，使我也愛上了戲劇，我們經常一起去看電影和話劇，然後討論個沒完沒了，最後，分別寫影評在報上發表；有時候，談完了電影，隨便閒聊，徐就向我談到了他心目中最景仰的一個人物，那就是當時，在江西贛縣當專員、縣長的「蔣青天」·也就是現在的蔣總統——經國先生。

徐向我敍述過許多「蔣專員」的妙聞軼事，說他如何化裝成陌生人，坐在茶館裡，聽茶客們在茶餘飯後談論他的種種作爲，其中縱有對他不滿的言論，他也多能泰然處之，過了一

六十四年元月蔣經國任行政院長接見作者時攝。（胡崇賢攝）

段時日，老百姓對這位「專員」的作風，有了清楚的「認識」，就改口叫他「蔣青天」，說他辦事，「賞罰公允」、什麼「除惡務盡」。他的政績，引起了當地老百姓一致的好評，有些老太太，爲了答謝他的功德，不惜以三寸金蓮的小腳長途跋涉，從鄉下跑到城裡縣衙門來，送上幾個雞蛋，表示她心中對父母官的感謝。

那時，徐不僅口頭上說「蔣青天」的故事，而且還行諸於文字。在報上發表。使我的腦海裡，對「蔣青天」，也留下了極爲深刻的印象。

民國卅八年元月，大陸局勢逆轉，我獨自離開家鄉，隨姨夫渡海來台，不久投筆從戎，進入了軍營，在陸軍八十軍三四〇師政治部任政工隊員，負責編寫壁報，撰寫標語，宣言等政治工作。卅八年十月間，軍部將全軍的政工人員予以集訓，我因在訓練班上撰寫論文，成績特優，爲軍政治主任所賞識，不久，就由准尉升至少尉，由師部政工隊調至八十軍軍部政工隊工作，從那時開始，我也就由撰寫小說、散、雜文開始試著編寫舞台劇，巡迴軍中各地演出，有時還遠至海防部隊克難公演，雖說艱苦備嘗，卻也獲得不少難忘的樂趣。

記得，有一次巡迴至小琉球島上演出，因島上沒有電燈，就點上煤氣燈，舞台是利用汽油桶排列在一起，舖上門板搭成的，沒有頂棚，誰知戲演了一半，天忽然下起雨來，因是露天劇場，觀衆朋友受劇情吸引，繼續在雨中看劇，我們也就在雨中演劇。先是小雨，還不打緊，後來，雨越下越大，我們打算暫停，觀衆卻高叫：「繼續演下去！」我們不想使觀衆失望，只好冒雨把戲演下去，迄落幕時，台上台下，個個成了落湯雞！

卅九年三月一日，先總統蔣公復職視事，不久，軍中成立了總政治部，當時發表了蔣經國先生，出任主任一職，消息一出，我們軍中的政工人員，均爲之感奮不已，尤其是，我心想，位久仰大名的大人物，我們有機會，可以當面見到他了。

二

蔣主任上台後，先是在各地辦了不少「政幹班」，將政工幹部分批集訓，接著加強推行官兵政治教育，讓大家認識反共戰爭的本質是：「爲誰而戰？爲何而戰？」在軍中舉辦「政治大考」，記得第一屆政治大考的主要教材，就是先總統　蔣公發表的「軍人魂」、「民族正氣」「爲何漢奸必亡侵略必敗」，還有「總理遺教六講」，我那時已調去軍報社工作，在初試、複試，中二度榮獲八十軍全軍軍官組甲組第一名，除獲軍長鄭果將軍頒發我獎狀一紙外，南防部司令唐守治將軍，也發給了我一紙獎狀。

遺憾的是，在陸總部舉行的「政治大考」決試中，我落選了，失去了當「國軍政士」的機會，無緣當面見到心目中景仰的蔣主任。

四十年夏，政工幹部學校，在北投復興崗成立招生，當時的校長是胡偉克將軍，但創辦人則是當時的總政治部主任蔣經國先生。

我因當時只有高中畢業的學歷，就前往報名投考，結果倖獲錄取，進入業科班新聞系攻讀。

那時候，校址設在北投的競馬場，各項教學設備，十分簡陋，但入學的同學，個個朝氣蓬勃，人人充滿了不怕吃苦的革命精神。

蔣主任在入伍訓練的期間，幾乎經常和我們政工人員訓話，要大家記住四大信條，那就必須做到「冒人家不敢冒的險，吃別人不能吃的苦，負他人不敢負的責，忍別人不能忍的氣！」迄今雖已相隔卅多年，仍覺得記憶猶新。

入伍訓練結束後，他要求全體同學分發到部隊中去，實習眞正的當兵生活，與基層的士兵生活在一起，出發以前，他親自出了一個論文題目：「犧牲與奮鬥」，要全校入伍生均作論文一篇進行比賽，當時全校學生共分十二個中隊，規定每一中隊選出最優的三篇，計共卅六篇，由其親自來評定成績，在卅六篇中，他選出了最優的六篇，我幸爲其中之一。

那是我第一次當面與他見面，當時我只有廿三歲，與同時蒙召見的五位同學，集合在會客室中，大家心情都很緊張，不知他要問的是什麼，該如何回答。

我是第四位被召見的，記得，他問我：「最近在讀什麼書？有些什麼心得？」

我回答說：「我在看鄒容的『革命軍』，……還沒有看完！」

「很好！好好努力！」他慈祥的打量著我，我不知道再說些什麼。

「有什麼困難、問題嗎？」他接著又問我。

「沒有。」我一時想不出，有什麼困難？就這樣結束了簡短的談話。退出後，我才想起，應該向他要一張簽名照片多好，怎麼當時沒有想到呢？

三

幹校畢業後，我被分發到海軍總部工作了一段日子，四十六年，因病住院，被核定病傷甄退，離開了軍營，五十一年考入台灣電視公司任編審工作，五十八年一月中視公司籌備成立，蒙邀請我轉入中視服務。是年十月，中視開播後，奉派負責籌備製作國語連續劇工作，先是推出了「情旅」，五十九年八月又負責擘劃以北伐爲背景「春雷」一劇的製作。

「春雷」播映後，因劇情生動，頗受觀衆之歡迎，因其具有社教意義，榮獲當年教育部文化局王洪鈞局長頒發優良廣播電視節目巨型金鐘獎壹座。

有一天，上班的時候，當時節目部副理楊仲揆先生，把我叫了去，要我編造一份「春雷」工作人員的名册，說是蔣副秘書長經國先生，也曾收看過「春雷」，覺得很好，有意親自召見工作同志，予以嘉勉。

當時，我自是十分高興，心想，眞是有緣，我又有機會和他見面了，一面計算著，已有十七年未與他親切的晤談了，時間過得眞快。

那知，名册送出後，久久未蒙通知召見，後來，才知他因公務繁忙，抽不出空暇，而將之擱置了。

這一擱，匆匆又過了五年。

民國六十三年，經國先生出任了行政院院長，六十四年元月，他爲了嘉勉三家電視台的優秀工作人員，特分批舉行了三次座談會，規定每一家電視公司能加此項座談會者，除董事長、總經理、副總經理、節目部經理外，人數不得超過十人，而我有幸忝列爲其中之一。

記得，那是一次小規模的集體召見，我們由董事長谷鳳翔率領，服裝整齊的進入行政院會議室，蔣院長手持名册，與入會場的召見人員，一一點名親切握手，並以豐盛的茶點，招待大家共同進食，自由發言，交談聯歡，會後，還特別送每一出席人員，兩本書，一本是他自己寫的「風雨中的寧靜」，一本則是「荒漠甘泉」的中文譯本。

這第二次的晤面，雖時間亦十分匆促，但是經常爲先總統蔣公攝影的名攝影師胡崇賢先生，卻在我與蔣院長握手的刹那間，爲我留下了一幀珍貴的握手鏡頭，成爲我一生中最爲珍惜的一幀歷史性照片。

先總統蔣公在世時，我亦曾有幸與之合影過，那是民國五十六年間的事，那一年，我因當選爲的示範小組小組長，與其他示範小組長，同赴陽明山中山樓接受表揚，在中山樓前，與蔣公合影留念，但那是一幀團體照。而這一幀單獨握手的合照，得來不易，更感彌足寶貴。

人的一生中，會留下不少珍貴的照片，能與心目中景仰的偉人，合影在一起，更是可遇而不可求的「緣份」，我不知是否還有機會，再獲總統經國先生的第三次召見，但這一幀難得握手的珍貴照片，如今放大了懸掛在我家的客廳中，增了不少耀目的光輝。

——76·7·24大華晚報發表

憶「一代歌后」周璇

金嗓歌后周璇，出生於民國七年，要是她不死的話，今年正巧是她七十大壽，可惜的是卅年前，她就離開了這個世界，那時，她只有四十歲。

四十年前（一九四七年）周璇卅歲，那時正是她歌唱生涯中的頂峰時期，我是愛慕她的歌迷之一，蒙她賜贈了一幀她親筆簽名的照片，我一直珍藏了四十年，如今，中國電視公司籌備演出「一代歌后」的電視連續劇，卻成了服裝，髮型最具參考價值的資料之一。

周璇是江蘇常熟人，與我是大同鄉，她幼年時，小名小紅，家境貧寒，自小被父母遺棄，由一周姓洗衣婦人扶養長大，八歲時養父雙目失明，幾乎險被賣入娼門，幸得養母的妹妹介紹，入歌舞班習藝。民國十九年，時年十二歲，加入「聯華歌舞班」，可說自幼未曾受過正規的教育。但她天資聰穎，又能刻苦向學，進步很快，廿二年聯華歌舞班停辦，她在電台上演唱愛國歌曲爲生，廿四年，她已是十八歲婷婷玉立的少女，進入電影界開始拍片，先是在「電通」演出「風雲兒女」，只是一名次要的角色，不久，被嚴春堂網羅入「藝華公司」，演出「化身姑娘」、「百寶圖」、「喜臨門」等片，「化」片是袁美雲的成名作，「百寶圖」

由袁美雲王引合演，不記得周璇在片中演的是什麼角色。等到後來在「明星公司」拍片的袁牧之，爲「馬路天使」一片物色一令人同情的歌女，透過公私關係，向「藝華」公司老闆嚴春堂商借周璇參加演出，嚴春堂提出商借白楊演「神秘之花」爲交換條件，獲得協議；想不到周璇乃由此「一炮而紅」，令人側目相看起來。

「馬路天使」一片，是趙丹的成名作，前幾年，我在此間電影圖書館曾觀賞過，周璇在劇中飾演一名逃家出走的小可憐，與不得志的洋琴鬼趙丹相遇相識，而相愛，周璇童眞無瑕的神態，眞是楚楚可人，她在劇中的「四季歌」和「天涯歌女」兩首歌曲，更是受到了觀衆的讚賞，從此奠定了她的影壇地位。

周璇親筆簽名照

爲了唱歌，她與音樂家嚴華相識而結合，嚴華是影星嚴俊的叔叔，雖傳授了周璇不少的音樂知識與歌唱技巧，也編寫了不少的新歌，供周璇演唱，但對周璇的行動管制甚嚴，民國廿八年，因拍「夜深沈」一片，因影星韓非的介入，使兩人間的感情破裂，終於鬧出婚變，而告仳離，那時，正是轟動一時的桃色新聞。

太平洋戰爭爆發後，上海淪爲孤島，電影界流行拍古裝片，藝華公司捧出新人李麗華，主演「三笑」一片，與周璇所屬的「國華」公司，爭著拍「三笑」打對台，當時，爲了搶拍提前上映，兩片工作人員不分晝夜趕工，創造了七天拍完一片的最高記錄。爲了爭取票房記錄，雙方又施出各種宣傳絕招，眞是熱鬧之至，結果，是打成平手，不分勝負，但因周璇在片中的「拷紅」一曲（即老夫人拷打紅娘時所唱）成當時電台上最熱門的流行歌曲之一，迄今，此曲仍經常有人喜歡哼唱。

周璇的歌，因清脆悅耳，造成了她這一時期，所主演的電影，幾乎無片不唱，甚至多時，一片有十幾首以上的插曲，那時，尙無電唱機，只有留聲機，是用手來搖緊發條，而轉動唱片的，每一面只有一首歌曲，當時最流行的「鳳凰于飛」「漁家女」「惱人春色」「鸞鳳和鳴」等歌曲，我家都有唱片，經常播放，百聽不厭。其中如「不變的心」「瘋狂世界」「交換」「夜深沉」……等曲，迄今仍膾炙人口，歷久不衰。

周璇雖未受過正規的教育，但愛國觀念、民族意識甚爲強烈，在敵僞時期的上海，日寇爲了控制電影事業，成立了「華影公司」，脅迫一些知名的影星，均參加了演出，而周璇卻獨能倖免，保持了清白，這也是周璇的可愛處。

抗戰勝利以後，周璇又復出拍片，時她在大中華公司拍的「長相思」「莫負青春」「花外流鶯」「歌女之歌」等片，每一影片均有不少插曲，依然受到廣大歌迷的熱烈歡迎。

民國卅六年，她因拍攝「夜店」一片，與話劇名演員石揮，傳出相戀的消息，石揮本活躍於舞台，勝利後，因拍攝「假鳳虛凰」、「太太萬歲」、「豔陽天」等片而名噪一時，當時他單身未婚，長周璇一歲，原該是很理想的一對，但兩人相戀的新聞，不久就告煙消雲散，因周璇去港拍片，認識了一位姓朱的布商，情海遂起了新的變化。

姓朱的是一有婦之夫，他不但騙了周璇的感情，同時也騙走了不少周璇的私蓄，當時周璇大概是被愛情迷住了眼睛，糊塗的與他同居，結果珠胎暗結懷了孕。

民國卅八年，大陸陷入共黨之魔掌，朱某丟下周璇，離港去了上海，共匪乃利用朱某爲餌，將周璇騙回上海。

從此，周璇失去了自由，也失去了一切，當她後悔，走錯了一步，已無法回頭，結果精神錯亂，被送入瘋人院，我聽到這樣的消息，眞爲之扼腕不已。

周璇的一生，眞是一齣動人的時代悲劇，配合上她所演唱的流行歌曲，眞是電視連續劇的上佳題材，如今，「一

李麗華親筆簽名照

代歌后」一劇將播出，筆者樂觀其成，並預祝演出成功。

如今，年輕的一代，也許對周璇的故事，並不太熟悉，但電視上經常演唱的「前程萬里」、「凱旋歌」、「鍾山春」、「南屏晚鐘」、「交換」……等曲，都是周璇唱紅的，深願，隨著「一代歌后」的演出，讓大家對周璇有更進一層的認識與記憶。

——76・3・1大華晚報發表

戲劇工作者的腳印

「中國話劇史」評介

遠在三年以前，我就聽說吳若和賈亦棣兩位先生在多方搜集話劇方面的史料，大至文學書籍，小至劇照。圖片、海報，可謂片紙隻字，均被他倆視如珍寶，作爲寫作時的重要資料。如今書成出版，獲得本年度國家文藝獎，可謂實至名歸。

我從十八歲開始迷戀上了戲劇，迄今已有四十個年頭，雖曾經演過戲、導過戲、編過戲，也閱讀過不少的劇本與有關戲劇理論的書籍，但對戲劇的歷史，卻知之不多，前幾年，有一個學校邀請我擔任講授「西洋戲劇史」的課程，始對有關戲劇發展的歷史書籍，有所涉獵，發現坊間現有出版的一些「西洋戲劇史」，或「中國戲劇史」，大半都是早期的史料，十分翔實，近代的史料，則多半只述說到民國卅四年左右，從卅四年抗戰勝利以後，至民國七十年這一階段的「戲劇史」，不論中西，均付諸闕如；一度我曾有意發下狠心，寫一部比較完整的「西洋戲劇史」，準備蒐集資料，寫至一九八〇年爲止，結果，動工不久，就發覺不簡單，「治史做學問」確非易事，況且一般書局，亦無意出版這樣專門性的書籍，乃不得不半途而廢，放棄此一寫作計劃。

緣此，「中國話劇史」出版後，我以敬佩的心情，先睹爲快，對全書之史料內容，能蒐羅至民國七十四年止，尤爲讚賞折服。全書對話劇興起八十年以來，歷年所出版之劇本劇名，以及各地演出之活動，均有週詳之記述外，對這一代戲劇有貢獻之戲劇作家，並列有小傳介紹，尤覺難能可貴，著此書的兩位劇壇先進，爲中國戲劇工作者流血流汗留下這些珍貴的「腳印」，眞是花了一番相當鍥而不捨的精神與心血。

每年的二月十五日，戲劇界同人，照例均將聚合在一起，熱烈慶祝一年一度的「戲劇節」，唯關於「戲劇節」的歷史由來，一般人卻知道的不多。原來，話劇最早傳入中國，據「中國話劇史」的考證，是由旅日青年學生曾孝谷、李叔同等，看到日本新派戲的演出，乃組織「春柳社」，演出「黑奴籲天錄」新戲；使中國話劇因此而引發興起，時在民國前五年（公元一九〇七年）春季，迄今已整整八十年了。

眞正訂定「戲劇節」，是民國廿七年，第一屆「戲劇節」，是在民國廿七年十月十日，由全國戲劇界抗戰協會在武漢成立時所決定，後武漢撤守，抗戰領導中心移至陪都重慶，陪都各界爲慶祝第一屆「戲劇節」，曾聯合大公演「全民總動員」一劇。戲劇節大會時，每人發給十字形紀念章一枚，以後每年國慶日，即爲「戲劇節」，後因國慶節慶同時舉行，諸多不便，至民國卅三年，始由行政院正式明令公佈二月十五日爲「戲劇節」，這些掌故，年紀輕的劇人，可能都不清楚。

陳紀瀅先生，在「中國話劇史」一書的序文上說：「中國之有話劇，始自滿清末年，無容疑問，中國話劇的發軔又受日本新劇的影響，也可採信，但中國話劇影響力之大，誰也沒料到，更非外國人所知。到今天，我們無話說，中國之脫離封建社會，走上現代化之路，以及新文化之形成與發展，無不與話劇運動激盪，相輔相成。如果，我們的失敗，由於話劇；我們的成功，也由於話劇，都不爲過。」

眞是一點也不錯，在過去這些年的話劇史料中，我們看到了抗戰期間，話劇的演出，發揮了無比的宣傳力量，及後，因共匪之利用此一武器，拉攏了一批劇人，爲其效力，乃瓦解了民心士氣，而導致了大陸的撤守失敗。

撰寫是書的吳若先生，是一位元老級的知名編劇家，早年他編寫的「藍與黑」話劇劇本，曾多次一再獻演，他曾榮獲過首屆中山文藝電影劇本獎，首屆話劇編劇金鼎獎，中華文藝獎金會劇本第一獎，以及五十八年度教育部文藝獎戲劇獎，目前他是中國文藝協會的常務理事，也是中華民國編劇學會的常務理事。賈亦棣先生是國立戲劇專校第一屆畢業生，能編能導終身從事戲劇工作，曾任邵氏電影公司南國實驗劇團副團長，中影公司實驗劇團指導人，現任中國戲劇藝術中心的主任，書中一些早期戲院演出的劇照，大半都是私人多年的珍藏，眞可說是彌足珍貴。

全書共分十章，從話劇在中國發軔開始，至今臺灣復興基地之戲劇運動蓬勃發展，以及海外華僑劇運動態，均有述及，比較美中不足的，是大陸淪陷共黨統治，卅多年來，大陸之劇運動態，未見列專章敍述，我衷心盼望，能再加蒐集，俟該書來日再版時，予以補充加入，當可更爲完備矣。

歷史的腳印，在不斷的向前邁進，民國七十六年起，中正紀念堂之國家劇院即將完工，中國的話劇，可能因著科技的發達，舞臺設備的不斷更新，使未來的話劇演出，衍生出更多的劇作家、導演、演員來，「中國話劇史」也將隨之展開新的一頁，我心盼望，薪火相傳，後繼有人，把戲劇的歷史，繼續記述下去，讓後世的子孫，及戲劇工作者，瞭解歷史，使戲劇工作，發出更爲耀目的光輝。

——「文訊」24期發表

畢生的青春奉獻給了戲劇

——我所認識的幾位傑出劇專校友

國立劇專畢業的同學，在台灣爲戲劇工作奮鬥的，我所接觸認識的不多，但他們在漫長四十餘年歲月中，貢獻了畢生的青春，都留下了輝煌的成就。

我雖非劇專畢業的校友，但因愛好戲劇，常與他們接近，這裡就我所知少數傑出校友之事蹟，向大家作一番簡略的介紹，若有遺漏部份，尚祈多予包涵。

(一)王生善先生

卅八年，我高中畢業後，即來了台灣，這一年的四月，我加入了陸軍第八十軍政工隊服務，在隊上負責戲劇方面編、導、演的工作。記得那時我才廿一歲，就編了「視察員」「寶島之蠹」等戲，後來，卅九年該隊擴大編組爲康樂大隊，來接任大隊長的，就是王生善先生，他上任後將軍部師部的隊員，集中在一起，親自導演了一齣多幕劇：「還我河山」，演出後大獲官兵好評，顯露了他不凡的才華，因爲過去隊員人數少，只能演一些獨幕劇。若干年後，我才知道他是國立劇專畢業的高材生。

民國四十年，我考進了政工幹部學校第一期新聞系就讀，王生善也奉調至政工幹校擔任戲劇系輔導員的工作，後來也在戲劇系兼課，我和他常見面，建立很好的友誼。四十二年幹校畢業後，我被分發到海軍工作，就少與他接觸了。後來，聽說他努力自修英文，曾一度參加「世界道德運動」，導了一齣「龍」劇，巡迴世界各國演出。民國五十八年，我進入中國電視公司擔任編審及製作人工作。爲了迎接開國六十年，公司命我策劃製作一齣大戲：「長白山上」，我特邀請王生善先生也參加聯合編劇，這時，他已是中國文化學院戲劇系的教授兼主任，「長白山上」由我策劃製作、王生善、吳宗淇、蔣子安、與我四人聯合編劇，想不到推出後，大受觀衆歡迎，我與王生善等四位編劇，榮獲「中山文藝獎」，製作方面，更獲文化局頒贈巨型「金鐘獎」壹座，在此以前，王生善已編過不少舞台劇，從此以後，他接連一個人編寫了廿五齣連續電視劇，其中「愛心」一劇，更上層樓，獲得最高的「國家文藝獎」。

在中國文化學院（現已改爲「文化大學」）他擔任戲劇系主任任內，幾乎每年演出一齣「莎士比亞」戲劇，接連了十四年，在六十年代是王生善最風光的年代，梁實秋教授對他導演「莎士比亞」的成就，認爲值得大書特書，這份榮譽，眞是得之非易。後來他又改編了「李爾王」為「分疆恨」，遠征至美國演出。他好學不倦，還在美國法界大學、坎薩斯大學任教戲劇課程，上課時，經常搬出流利的英語，顯示他學貫中西、並非浪得虛名。

王生善先生，民國十年生，現已自「文化大學」退休，但體格健壯，說起話來，中氣十足，在台灣教了廿年以上的書，眞可說是桃李滿天下。

㈡賈亦棣先生

賈亦棣先生，民國五年生，他比王生善年長，已八十三歲了，但膚色紅潤，健步如飛，我們都叫他「賈老」，或是「賈公」。他是劇專第一期畢業，名符其實的「老大哥」、「老前輩」。

卅九年，他自大陸至香港，五十一年始由香港來台，在正中書局任秘書主任。民國五十一年十月台灣電視公司正式成立開播，我參加該公司應徵考試錄取為公司節目部編審，賈公在香港邵氏電影公司擔任過南國劇團副團長，他來台視公司製作「歌唱劇」節目，得以與之相識。民國五十五年我已編寫了不少電視劇本，並且出版了一本電視劇選集，但我想再出一本電視劇選集，就請賈老給我幫忙，希望能由「正中書局」出版，賈公那時我與之相識不久，但他一口答應，不但讓我如願以償，而且還親筆為我的新書「電視綺夢」寫了序，此書，後來一版、再版、三版，至今仍有銷售。

後來，他擔任了「中國戲劇藝術中心」主任，在台推展劇運，演出了「海宇春回」、「石破天驚」、「長白山上」。等好幾個轟動劇壇的大戲。

民國六十四年，我已由台視轉入中視，擔任製作人工作，那一年，我因知道賈公在香港編劇演出過「香妃」的舞台劇，就請他來與鍾雷、王方曙、朱順官等三人聯合編寫「香妃」的電視連續劇，由我製作，想不到該劇推出後，其錄影帶運往美國舊金山電視台播映時，當地華人一致喝采，後來又轉往菲律賓播出，日本方面，因「香妃」電視連續劇之轟動，也演出了「香妃」的日語歌劇，民國七十七年，台北「國軍文藝活動中心」再度演出賈公編劇的「香妃」舞台劇，八十年復興劇校國劇團，在「社會教育館」又演出了平劇的「香妃恨」，掀起了「香妃一波又一波的高潮」。

更因在電視劇演出期間，賈公爲我介紹認識了一位著名蒐藏家李鴻球老先生，他蒐藏有一幅義大利畫家郎世寧繪製，香妃與乾隆在一起的「武列行圍」圖，供我欣賞，引起了我對「香妃」此一謎樣人物，深入考證研究的興趣，從民國六十四年起孜孜不倦的探討，到七十八年九月，先出版了一本「香妃考證研究」的書，而與名小說家高陽先生，及車門草、莊練三位先生在聯合報、中央日報、立報等展開了：究竟有無「香妃」的筆戰，前後達三年之久，在此期間，讓我親眼看見了郎世寧繪的「寶月嘗荔」、「冰嬉娛親」二圖，益證明香妃與容絕對是兩個人，不能混爲一人。民國八十一年，我接續出版「香妃考證研究」續集，被公認爲研究「香妃」的專家，想不到續集出版後不久，我意外收到大陸河北遵化縣寄來的一封信，這是大陸上研究「香妃」的專家于善浦先生寄來的，他在大陸曾編輯過「香妃」一書，主張「香妃」是不存在的。誰知他在給我的信上說，他看了我的那本「續集」，對我十分欽佩，他完全同意我的觀點，承認「香妃」是確實存在的，否定她的存在：是大陸上，「種族團結」的政策要求，他要拜我做研究「香妃」的「師兄」，眞使我受寵若驚，想不到我因考證「香妃」的存在，竟然跨海打了個大勝仗，追根究柢，這全是「賈公」給我帶來的運氣。

在七〇年代，賈公埋首寫作，他的成就更是非凡的，先是民國七十四年，他化了三年的功夫，蒐集各方資料，除了台灣之外，還包括：星馬地區、新加坡、菲律賓、香港、美國、加拿大等地出話劇的情況，與吳若先生合作，完成了一本廿八萬字的「中國話劇史」，從話劇傳入中國開始，歷經北伐、建國，抗戰、戡亂、台灣、海外等地區之戲劇活動，均有闡述，資料翔實外，另有演出圖片配合，該書因而使賈公與吳若榮獲這一年的「國家文藝獎」，繼此以後，賈公又與毛家華先生合作，遠赴大陸北京等地蒐集珍貴平劇史料，完成了「京劇二百年史話」一書，內容較「中國話劇史」更爲豐碩，亦同樣由文建會於八十四年五月分上、下兩册出版，這一本書是賈公一生對「戲劇」最偉大的貢獻，値得在此提出報導。

民國八十一年賈公以「中國戲劇藝術中心」主任身分，與我「中華民國編劇學會」合作創辦一「電視戲劇研習營」，由文建會支持補助經費，培植年青一代編劇人才，前後辦了兩期，一期半年，第一期共錄取學員九十餘人，結業時，只剩五十三人，二期結業學員四十餘人，後因賈公去美、由我一人經營，迄八十七年八月，已接續辦了七期，三期以後，文建會停止補助經費，人數大爲減少，唯仍未中斷，亦聊可自我安慰。

㈢陳文泉先生

第三位與我接觸較多的是陳文泉先生，他民國十年出生，唯民國八十年，即因病離開了這個世界，令人惋惜。民國卅八年，文泉己來台，先後任康樂總隊戲劇科長，農教電影公司導演，是大陸來台，最先第一個拍電影的導演。記得他拍的「媽祖傳」，那時候張小燕演童年的媽祖，還是小孩子，十足的童星，周曼華來台灣拍攝的電影「千金丈夫」，也是他執導演筒的。

他不特能導，而且是編劇好手，不論歷史劇，時裝劇，他都十分拿手，交卷又快，不論電影，舞台劇、歌劇、詩劇、電視劇……他樣樣都來得。民國五十一年，台視開播不久，就有了「溫暖人間」這個節目，這是一個溫馨的戲劇節目，播出後擁有相當高的收視率，他是這個節目的靈魂人物，既編又導，還兼製作，我與他，也是在民國五十二年開始認識的，未認識以前，我對他就心儀已久，他編演的話劇：「音容劫」、「勾踐與西施」、「寸草春暉」、「蠱諜」、「回到人間」等劇，均十分轟動，其中「音容劫」是一悲劇，看的人無不感動。還有一齣，「不是冤家不聚頭」，是喜劇，看的觀衆笑疼了肚皮，七十二年他寫的「百善舍」、「李家大屋」均入選爲優良的劇本創作獎。

他先在政工幹校戲劇系任教「導演學」六年，及後又在「世界新專電影科」執教鞭十三年，積廿五年之教學講義，晚年，他自台灣電影製片廠編導科長職退休後，完成了一部長達卅五萬字的「導演技術基礎」巨著，由國立編譯館審定爲「部編大學用書」、這當是他一生從事戲劇教育，最好的一份貢獻，晚年，他中風、行動不便，我常去看他，並鼓勵他務必要完成這部鉅著，他終於完成了，他在書中寫，「君子無所爭，必也射乎，揖讓而升，下而飲，其爭也君子！」文泉，眞可說是一「君子」也。

㈣彭行才先生

民國五十九年，我應板橋國立藝專的影劇系主任鄧綏甯教授之邀請，去該校講授「電影編劇」的課程，一直很受學生歡迎，過了幾年該校影劇科主任，改由彭行才先生接任，我也接續下來，繼續在該校任教，直到民國六十九年，我因赴輔仁大學任教，才離開了國立藝專。

後來，我才知道彭行才主任，是國立劇專第四屆畢業的校友，他出生於民國八年，如今已是八十歲的老前輩了，經常與之見面，在一起吃飯，見他談笑風生，精神矍鑠，無半點老態，還經常親自開車，滿街跑。有幾次，我請他到我辦的「龍昭編劇班」來上課，他經驗豐富，談吐又幽默、風趣，很受到一些年青學生，熱烈的歡迎呢！

彭主任在校專攻導演，來台初期，他任教育部實驗劇團編導及國防部康樂總隊科長、隊長、及後在國立藝專學校戲劇科主任兼教授兼了很多年。曾與王生善等，應菲律賓僑領蘇子之邀，數度爲當地愛好戲劇的年青學子講授上課，，也曾帶領一些演藝人員，去菲律賓演出他自己編導的「路柳春風」、「焦桂英與王魁」、「春泥」等劇，台灣近年推出的幾齣大戲，如「石破天驚」、「陞官圖」、「長白山上」、「海宇春回」等也都多由他執導，是當代老一輩的名導演之一，先後執導過的舞台劇，達三百餘齣以上。著作方面，有「群衆心理」、「戲劇演出行政」等書，民國五十九年時，我在中視製作「每周一劇」單元電視劇時，曾邀請他導演過「龍潭虎穴」、「玉珮戀」等戲，均十分膾炙人口。

㈤高前先生

在我所認識的國立劇專校友中、高前，可說是較年輕的一位，他民國十四年出生，如今亦已七十三歲了，卅八年我在鳳山八十軍服務時，就久聞他的大名，因爲那時，他在鳳山的演劇三隊，出任組長，他們演劇三隊有一小型圖書室，藏有不少抗戰時轟動全國的舞台劇本，我就常去借閱，我愛好編劇的興趣，也是從那時開始培養起來的。

民國八十年他出版了一本廣播劇選集「他還會再來」厚達五百餘頁，一本夠份量的巨著。

電視編劇研習營的同學，前排右三爲名編劇姜龍昭。右四爲高前。

高前以後由演劇三隊，升爲演劇一隊隊長，及後又擔任女青年大隊戲劇教官，藝工總隊編導、副主任等要職。台灣自有電視後，他先後擔任台視、中視基本編劇，並製作電視連續劇：「向日葵」、「廢園舊事」等劇，佳評如潮。一方面在軍中電台組成了廣播劇團，製作了一百多齣轟動一時的廣播劇。這四十多年來，他自己估計自卅八年至八十年，已寫了話劇劇本廿五本，廣播劇本五百多本，電視劇本二百多本，人說他寫的劇本，可以堆成一層樓樣高了。如今，他較少寫電視劇，但仍努力創作廣播劇，樂此不疲，他前後因廣播劇得的各項獎狀、獎章計有：「中華民國編劇學會」，連續兩年把最佳廣播劇「魁星獎」給了他，「國軍新文藝學會」金像、銀獎、銅獎三獎俱得的極少數作家之一。此外，「中國文藝協會」頒給他最佳編劇文藝獎章，青溪文藝學會頒給他銀、銅像獎、金鐘獎。此外因舞台劇、電視劇得獎的，也難以計數。有人估計，台灣編劇的人數，共約三百人左右，像他這樣了一輩子，這樣勤奮的多產劇作家，不會超過十人，而他，是十個人之中的一個。

高前與我相識了四十餘年，我倆曾一起回大陸北京去接受歡迎，他老家是河北省任邱市。一到北京，除了同在「人藝」看戲外，他再怎麽忙，也要抽空去看的，就是他的老家，……這是他「不忘本」的心情流露。如今，他在台灣，兒子也結了婚，不久前添了孫子，他常去高雄看孫子，我覺得他眞是個有福氣的人。

民國五十九年，台灣一群愛好戲劇的朋友，創立了一個名叫「中華民國編劇學會」的組織，迄今已有廿八年歷史了，會員並不多，因爲入會的資格極嚴，我們採取「精兵政策」，一向寧缺毋濫，我以上介紹的一些國立劇專傑出校友，都是編劇學會的老會員，也都是擔任該會理、監事的重要組成份子，我現任該會的理事長，能在這裡介紹他們輝煌的成就，我也感到莫大的光榮。

國立劇專畢業在台的校友，都是把畢生的青春，奉獻給了「戲劇」，是我們向之學習的好榜樣。

（八十八年十二月六日文化復興總會出版已「劇專同學在台灣」一書中發表）

卅年來的「中華民國編劇學會」

一

時間過得眞快，似乎是一眨眼的工夫，卅年過去了，「中華民國編劇學會」已經逐漸受到各方的關注。我現爲該會的理事長，在此特將這一團體當年成立的經過，得過哪些榮譽？組織概況，以及成立以來辦了那些事、推行過那些會務活動，摘要向大家作一番報導。

回憶當年成立經過：那是民國五十八年七月，一群在陽明山參加「電影座談會」的劇作家，包括李曼瑰立委、鄧綏甯、吳若教授，以及知名編劇家鍾雷、丁衣、姚一葦、朱白水、張永祥、劉藝、饒曉明、趙琦彬等人發起籌劃，另獲得唐紹華、王方曙、依風露、賈亦棣等人連署，公推李曼瑰負責召集，於民國五十九年四月在台北「婦女之家」召開成立大會，當場選出第一屆理監事，由吳若、李曼瑰、鄧綏甯三人當選常務理事，丁衣、鍾雷、朱白水、張永祥、趙之誠、趙琦彬出任理事，唐紹爲常務監事，雷亨利、姚一葦爲監事，並通過由饒曉明出任總幹事。

除上述理監事外，會內另設置：總務、聯絡、研究、出版、康樂五組，推動會務。會務工作分下列五項進行：

一、優良各類劇本之獎助、表揚及演出。

二、接受有關單位委託辦理各項劇本之徵集及評審。

三、維護會員之著作權益。

四、舉辦研究、訓練、出版等事項。

五、舉辦有益會員身心之康樂聯誼事項。

成立宗旨，提高戲劇藝術水準，爲一純粹的學術研究社團。

二

成立以來，辦過下述工作及活動：

經常舉辦：電影座談會、編劇研究會、歌劇欣賞會、戲劇座談會及專家「編劇講座」。

六十五年至七十二年間，先後接受教育部、國民黨文工會、國家文藝基金會、文化復興運動總會、文藝創作會、文建會等單位委託，舉辦各類劇本編寫之徵選，也接受文建會委託邀約知名作家編寫舞台劇本出版，應各界採用演出。

七十三年至八十二年間，接受新聞局委託徵求電影劇本、國軍新文藝金像獎徵求廣播劇本獎、教育、文建會徵求舞台劇本獎、各大專學校「話劇比賽」評審、金馬獎影片評審等工作。

七十五年與「台影文化公司」合作辦理「編劇班」，八十一年與文建會合作創辦「電視戲劇研習營」三期，成績斐然。

八十二年八月，應加拿大亞伯特大學邀請聯合辦理「中加作家文化交流座談會」，出席作家十四人，歷時一週，圓滿達成任務。事後曾獲內政部獎勵表揚，因加拿大與我爲非邦交國家。

又七十一年獲文建會頒發獎牌，七十三年再獲文建會頒「劇運基石」獎牌，七十四年獲台北市教育部評選爲執行社教有功團體，特頒獎狀表揚。

三

除上述各項重要活動外，並不斷鼓勵大家（不限會員）創作優良劇本，並自六十三年起迄八十九年爲止，共辦了十三屆優良劇本「魁星獎」，劇本類別包括：舞台劇、電視劇、廣播劇本、電影劇本四大類，歷年得獎人計有：李曼瑰、張永祥、華光典、貢敏、張紹鐸、杜泰生、黃藍、小野、宋項如、汪全治、孟德豹、鍾雷、王方曙、趙琦彬、鄧育昆、魯稚子、依風露、徐薏藍、玉笠人、錢慈善、張鳳岐、吳念眞、陳文泉、姜龍昭、夏美華、高前、趙玉崗、吳若、鄧綏甯、朱白水、王蕙玲、黃英雄、黃美津、蔡國榮、張瑞齡、王安祈、李國修、廖筱潔、葉雨梅、王小棣、王中平、羅北安、葉鳳英、蒙永麗、謝啓明、何昕明、劉玫等，共四十八人，其中有九人是重複得獎。此一獎項可獲獎杯一座，無獎金。

八十九年得獎作品為：最佳電視連續劇：「人間四月天」，得獎者：王蕙玲；最佳電影劇本獎：「臥虎藏龍」，得獎者：王蕙玲、蔡國榮。

得獎是榮譽，卅年來為編寫劇本，積勞成疾，因而逝世者，其中本會會員計有：李曼瑰、王慰誠、劉碩夫、趙之誠、雷亨利、華光典、許炳成（文心）、劉藝、何曉鐘、劉敏之、張瑄、王中慧、黃勝弘、練美成、趙琦彬、姚一葦、陳文泉、依風露、鄧綏甯、費嘯天、鍾雷、宋項如等廿二人，我們永懷念他（她）們。

我個人在八十九年創設了「姜龍昭戲劇獎」，此項戲劇獎專門獎助舞台劇本創作者，以後一年頒發一次，第一屆得獎人是黃英雄，作品是＜訂婚鑽戒＞，將可獲得獎金伍萬元，「姜龍昭青銅塑像」乙尊。有意角逐此獎者，可向本會領取申請表格及有關辦法簡單，不分會員、非會員均可自由參加，無資格限制。

（發表於二〇〇一年三月「文訊」雜誌第 185 期）

追憶《長白山上》

這些年來，我深感「集體創作」，比個人「單獨創作」要強得太多，因爲個人的智慧，究竟有限，所謂「三個臭皮匠、抵一個諸葛亮」。

我不但是「長白山上」一劇的策劃製作，也是四位編劇之一，這是一齣集體創作的連續劇，不是根據什麼小說名著改編的。當時，爲了慶祝民國六十年的來臨，我們四個人，被關在一家旅社裡，絞盡腦汁，創造出來的一個故事。

那時代，台灣只有兩家電視台，一家是台視，另一家是中視。台視爲了慶祝開國六十年，決定推出「開國前後」，是依據歷史來編寫的，而「長白山上」是在打對台的情況下，推出的一齣以東北人粗獷、豪邁的情節，來取勝的鄉土色彩濃厚的戲劇，其著眼點是東北是寒帶，居民都戴皮帽、穿皮襖，生活習慣也是與亞熱帶的台灣不同，可以給觀衆帶來新鮮的感覺。

再說東北人有一些習俗，也與台灣不同，例如他們習慣給未成年的兒童娶妻、做小丈夫、媳婦的年齡與之相差一大節，還有有錢的人家，可以娶兩個老婆，住在一起，再說東北地廣人稀，地方的治安，靠自己組成鄉團自衛，當地有一股土匪，經常出沒打家劫舍，當土匪的多半留了大鬍子，人稱「鬍匪」，幫裡有當家的，沒錢時就出來「下黑帖」、「洗屯子」。

「鬍匪」的「黑話」、「幫話」，與一般人不同，我們四個人：包括王生善、蔣子安、吳宗淇和我，雖都有廿多年的編劇經驗，但爲了要使這齣戲演出時，使人眼睛爲之一亮，花了不少功夫去書店、圖書館，將一些鄉土、東北地理、歷史掌政，都買了來讀個夠，再親自去訪問一些在東北當年打過鬍匪的耆宿、將領，給我們傳授難得的經驗。

眞是「一分耕耘、一分收穫」，「長白山上」經過了漫長的卅一年，這齣戲，依然能活在廣大觀衆的腦海裡。有不少人，還會唱它的主題曲呢！

「長白山上」的中心人物：「五虎幫」，找們爲了要顯示不同人物的個性，特色，作這樣的安排：

大當家金大鬍子，令出如山，誰都得聽他的，一臉落腮鬍子，由左右飾演。二當家的是一獨眼龍，殘暴成性，那是因他有殘疾在身，外號鐵肩擔，由郎雄飾演，三當家的，是個女的，本來，她的丈夫原本就在幫裡當家，不幸有一次出去打劫時，被劫殺身亡，就由他太太來接任，人稱：「白寡婦」，蛇蠍其心，與二當家的暗中有來往，由劉明飾演。四當家「草上飛」，專門負責送黑帖，暗中通風報信，由張復民擔任。五當家的大家叫她「老疙瘩」，尙是閨女身，由李芷麟飾演。是他們去做買賣時，施主失散的小女娃，取名黑妞，留在幫中幫忙，後來就成了幫中金大鬍子的義女「瓢把子」，一起做買賣。

除了這五虎幫以外，還有一位神秘的獨行俠，名叫敖天龍，明裡行俠仗義，暗中尋找他失散多年的妹妹，由吳風飾演。劇終時，才使人知道，黑妞是他失散多年的妹妹，兄妹相認。

東北地方的行政區域，不叫××鄉、××里，多半叫屯、堡，佟家屯的屯主佟漢成，忠厚傳家，有子女多人，有一名不成材的佟永才，也有一名佟永賢，與賀堡主的女兒鳳姑已訂了親，尚未過門，賀家堡堡主賀慶山，有一外號叫「老狐狸」，與佟漢成是一強烈的對比。

故事一開始，是佟漢成爲孫子娶媳婦，東北流行十七、八歲的大姑娘，與未成年的大柱子拜堂成親，原因是大柱子體弱多病，希望他成親後，沖喜成功，長得健壯起來。

佟家的海師傅一日打獵回來，說附近來了一群紅鬍子，佟漢成乃積極召集鄉團防備，爲加強人力，有意邀請賀堡主，與之聯防，但老狐狸表面答應，暗中卻另有打算。

五虎幫的金大鬍子派人送黑帖到佟家屯，要求交出兩萬大洋及一百支槍，否則血洗屯子。

故事大綱確定好以後，大家開始分頭寫劇本，誰知寫到一半的時候，有人發現「長白山上」中有一段情節，與田原先生的一長篇小說中有些雷同彷彿的情況，可能演出後，會被人檢舉，我們抄襲了田原先生的小說，因小說出版在先，我們演出在後，眞是百口莫辯。

在情況緊急之下，我們編劇小組，召開了臨時會議，該如何因應。

最好的方法，就是刪除一段情節，但這是劇中的關鍵戲，不能刪。原來小說中，也有一段彼此交換俘虜的戲，雙方各俘虜了對方的一名人質，約定日期、地點，在某處交出人質，讓對方平安領回，不得使詐。

我們的戲中是五虎幫攻打佟家屯、賀家堡時，擄去了賀家的鳳姑（邵曉鈴所飾演），而五虎幫中的黑妞，不愼被佟漢成的海師傅所捉住，當初原來也是約定時間、地點，定時交換人質。

爲了避免抄襲之嫌，我們決定修改交換人質情節，換成佟漢成不顧賀堡主的竭力反對，毅然先大方的將黑妞，無條件釋放讓她回去。

大家都認爲無異放虎歸山，但佟漢成宅心仁厚、寬宏大量的放走了黑妞，大出金大鬍子意外，盜亦有道，金大鬍受感動之餘，親自送鳳姑回家，仇家反成了朋友，過年的時候來拜年道喜，化乖戾爲祥和，這一修改，四平八穩，也獲得觀察的叫好喝采，如今事隔卅多年，我留在腦海裡，依然記得很清楚。

我想「長白山上」讓人歷久難忘，也就這些感人的情節、

這些年來，我深感「集體創作」，比個人「單獨創作」要強得太多，因爲個人的智慧，究竟有限，所謂「三個臭皮匠、抵一個諸葛亮」，一點也不錯。

從開始到結束，「長白山上」共有八十一集之多，從民國五十九年十二月，演到六十年三月，我們四個編劇，都貢獻了自己的才智，同時，也聽取各方的意見，包括觀衆在內，那時中視有「中視週刊」，每期刊出該週有關的劇情，同時也刊登觀衆收看後的意見，如今，

「長白山上」的錄影帶，已消了磁，再也不可能重播，但，我仍願在這裡，將爲該劇花過心血的工作夥伴，向大家作一個報告。

「長白山上」的導播是個女的，她叫湯以白，她導該戲時，還未結婚呢！導演是大家知名的唐冀，爲「長白山上」寫主題曲的是名作曲家李中和教授，作詞的是當年中視的總工程師王善爲先生，美術設計是現爲中視美術組長邱則明，服裝設計是大名鼎鼎的張國棟先生，那些皮帽、皮襖、長靴，都是訂製的，劇務則是趙建華先生，現服務於演藝人員工會。

一度有人建議我去東北的「長白山上」用實地雪景拍攝此劇，唯因經費、製作等諸多困難，未能實現。正中書局曾花巨資，將全劇的劇本，分成上、下兩巨集，出版單行本，但初版售罄，後來未有再版，也已是絕版了。

「長白山上」讓我們四個編劇，各獨得了一座「中山文藝獎」，也在第二年的「金鐘獎」典禮上，得到了一座巨型的「金鐘獎」，那一年，嚴副總統、張群秘書長，還有何應欽將軍來觀看錄影，與全體演職員在棚內合影留念，攝有照片爲證。

——91．10．12青年日報發表

追憶「吐魯番」

一

吐魯番，在新疆。

依據地理資料記載，這是一個「無風滿地沙，有風不見家，小風來了填坎井，大風來了埋了家」的鬼地方。一九六六年（民國五十五年），大陸上掀起了「文化大革命」，這一大浩劫，歷經十年才結束。我幸好在臺灣，未有親身經歷；但聽親友述說，迄今餘悸猶存。

有一個在大陸中學當教員的老師，在抄他家時，紅衛兵發現他寫過一篇〈夢〉的散文，就認定他不滿時局，是「右派分子」，開大會批鬥他。禮堂上掛了一副對聯，上聯是「扒了劉宗方的皮，抽了劉宗方的筋」，下聯是「拆了劉宗方的骨，喝了劉宗方的血」；橫批是「不降就叫他滅亡」，這種殺氣騰騰血淋淋的字句，看了使人會魂飛魄散。

一九七〇年，共黨推行「知識青年下放運動」，把一些在學的學生，下放到新疆的「吐魯番農場」來，進行「勞動改造」。

下放的青年，規定「終生扎根農村」，永遠不能回老家。

我蒐集了不少有關這方面的資料，上面這樣寫著：

他們有的在零下四、五度的嚴冬季節，赤足跳進水深齊腰的水溝裡，去挖掘溝泥。有的在風雪，中挑土工作，凍壞了手指，被切除變成殘廢，更有因此患病，丟了性命的。

至於下放的女青年們，情形更慘，遭農場場長、幹部姦污的，書不勝書。有一銅山農場場長，曾有先後姦污女學生五十七人之最高紀錄；有的農場，百分之八十下放女青年，難逃魔掌；有些場長公開揚言，要修一所妓院，讓那些女青年，可供幹部們公開享用。

這樣奴役知識青年，在農場自然引起暴動、反抗、逃亡；一九七一年「林彪事件」發生後，共產黨乃撤換了新疆地區的高級頭目龍書金。……

我前後花了三年的時間，依據新聞報導，編成了一齣舞台劇，取名「吐魯番風雲」，於民國六十四年的青年節，在臺北南海路的藝術館，由臺北市話劇學會的「青青劇社」公演三天。

後來，六十五年該劇獲臺北市話劇學會頒給「第三屆最佳編劇藝光獎」，並由商務印書館印行了單行本。

事隔多年，最近我翻閱當年的剪報，在一篇「劇評」上看到，參加此劇演出的演員，其中有：寇世勳、李國修、李天桂、顧寶民、楊懷民、張紹鐸、丁國勝、譚艾珍……等人，都已是赫赫有名的名演員了。讓我也深以爲榮。

二

民國八十一年，距今亦已十年了，我爲了探訪香妃的史實，千里迢迢長途跋涉，到了新疆的喀什——香妃的故鄉。途中經過「吐魯番」，已沒有了勞改的集體農場。因著中共的大批移民，當地的漢人，已大爲增多，與維吾爾族的人口，已不相上下。

當我腳踏上「吐魯番」，才清楚，原來這就是《西遊記》上所述說的「火焰山」，到處所見是一片紅砂岩所構成的土地，那赤紅色的泥土，在強烈太陽光照射下，熠熠發出紅光。據說炎夏時，沙上可烤熟雞蛋。難怪《西遊記》中孫悟空要向牛魔王、鐵扇公主借用鐵扇來，搧滅這一片熾烈的火燄了。

導遊帶領我們參觀了附近的石窟，果眞看到了唐僧、豬八戒、孫悟空等彩色的塑像，讓我們進入了《西遊記》的世界。

在附近還有「交河故城」、「高昌故城」留下的一些殘存城垣，那些土牆都是泥土建造，不用磚石，也極少用木材，是原始時代先民留下的遺跡。可能古時候，此地有人居住過，如今，只剩下一些矗立的土牆，一片荒涼。

我想尋找一些集體農場的遺跡，導遊說，那些是試驗原子彈、飛彈的軍事禁地，外來的遊客，是禁止進入的。

我在比較熱鬧的市區，遇見幾個漢人，他們在用「上海話」聊天。因我出生在上海，就用上海話與他們交談，知道他們都是被下放來新疆的知識青年，如今，已進入中、老年，一眨眼這麼多年過去了，雖想回家，也回不去了。

「爲什麼呢？不讓你們離開新疆嗎？」

「新疆離上海，實在太遠了，一張飛機票太貴了，以我們的收入，一年不吃不喝，也不夠買一張飛機票。再說，我們也已成家了，只好認命，老死在這兒了！」

「你們漢人與維吾爾族的少女通婚嗎？」

「很少，幾乎沒有。因爲宗教信仰不一樣，生活習慣也不同，語言也溝通困難，漢人還是找漢人結婚！很少和回民來往。」

多少年過去，「吐魯番」的風砂很大，他們的皮膚也變得蒼老，青春消失了，也沒有什麼反抗的豪情壯志了。

三

因著親自訪問過「吐魯番」、「喀什」等城市，我特別關心有關「新疆」的一些新聞資訊。

中共流治中國大陸後，一直到民國四十四年，動員了大批的移民，才達成「解放新疆」的政治任務。

因爲大批勞改下放的知識青年要安撫，性格剛烈的維吾爾族人，因著不同的宗教信仰，更是不好對付。滿清時代，康熙、乾隆，均曾用武力來平定準噶、回疆；新疆解放以後，依然不斷發生回民暴動事件。

民國七十九年，新疆喀什，就發生暴力反抗，中共出動大批軍隊，去鎮壓槍殺維吾爾居民，才平定了暴亂。

民國八十六年二月，大陸伊犁地區，爆發了一次大規模的暴動，上千名的維吾爾族青年，看到漢人就打，焚燒死者的屍體，有不少人被打死（如臺灣二二八事變一樣恐佈）。後來中共逮捕了上千名抗議分子，簡略審判後，立即處決了一百多名「分離分子」，這一風波才告平息。

自從美國「九一一」事變發生以後，一些被中共認定的「民族分裂分子」、「暴力恐怖分子」、「宗教極端分子」，原先被迫離開新疆、逃往「阿富汗」，結果與躲在阿富汗的奧薩瑪·賓拉登恐佈集團搭上了線，恐怖份子主動供應他們軍火、財力；鼓勵他們潛回新疆，從事破壞活動。

我去新疆喀什的時候，司機在行駛時曾告訴大家說，前面一條公路開過去，就是「阿富汗」，是國界未定線，所以新疆與阿富汗來去是非常方便的。

二〇〇一年以來，新疆的集資市場、公共汽車、飯店、麥當勞等人員集中地點，一再發生恐怖的爆炸事件，也就是這批反共的維吾爾族青年，反中共強硬治疆政策的激烈反應。

新疆土地廣袤遼闊，面積一百六十五萬平方公里，有臺灣四十五個大，我深願中共以「愛」來治理新疆，則善莫大焉；否則，越強硬鎮壓，會越壓越糟。

——91・5・16中央日報發表

憶當年電視

一、

民國五十一年十月，台灣電視公司成立後，正式對外開播；也就從那一年開始，台灣進入了電視時代，屈指算來，台灣有電視已有四十年的悠久歷史了。

那一年，我應徵獲台視錄取爲節目部編審，負責審查電視每日節目播出的劇本及腳本，如今回想當年初有電視時，大家手忙腳亂，忙出不少笑話，值得爲之一記。

二、

台視開播初期，必須有電視機的家庭，才可以看電視，而一架電視機價格昂貴，一般家庭都買不起，台視爲吸引大家看電視，就在大門口擺了兩架電視機，晚間六時節目開播後，就吸引了不少人來看，有些人站著看，六點一直看到十一點收播才離去，不覺得累。

當年全省電視機只有三千架，中、南部因無「中繼站」，仍是看不到電視。早期電視廣告費用，也比報紙、電台廣告高出很多倍，因此很少有廣告，第一年台視沒賺到錢，還貼老本賠了錢，到第一年，才維持平衡，到第三年，才轉虧爲盈。

三、

當時的電視節目以影片占比例較大，自製的現場節目很少，多半是歌唱節目、婦女服裝表演、烹飪、魔術、特技表演爲主，那時，「每週一菜」傅培梅主持的烹飪節目較吃香，慎芝、關華石製作之「群星會」國語歌曲節目，也很受歡迎，晏光前製作的西洋歌曲，觀衆就較少，而邀請外國藝人來唱西洋歌曲，價碼還特別高，有些洋人要美金付酬，如美國一樣。

當時台視因沒賺錢，買不起價格昂貴的「錄影機」，所以都是現場播出，而五十分鐘長度的電視劇，也都是靠演員導播合作，才能播出，因此，經常出糗、鬧笑話，導播在副控室氣得跳腳，也無法改正缺失，只能給看戲的觀衆出洋相了。

㈠有一次兩個演員演對手戲，演至一半，甲忘了台詞，接不下，去乙也接不上腔，開麥拉就對準甲，希望他能想起來，但甲就是想不起來，畫面上愣了二、三分鐘，才由人暗中提示解了圍。

㈡當年錄電視，攝影棚內只有兩架攝影機，導播採取甲攝影機的畫面時，甲攝影機上的紅燈就會亮，演員看那架攝影機上紅燈亮了，就面對那架攝影機演戲，中間導播若變換畫面，就會變成乙攝影機上的紅燈亮了。結果有一場戲，鏡頭照某演員斷氣死了。稍頃他變換鏡頭去照另外的演員，在變換畫面之時，飾演死去的演員，以爲鏡頭早已照他人，就坐了起來，而鏡頭尚未變換，就眞的「死人活了過來」，將悲劇成了喜劇。

㈢還有道具忘了帶在身上，戲演到一半，他說：「我開支票給你」但是他忘了事先把支票簿放在身上，摸遍所有的口袋，急得滿頭大汗，最後靠現場指導，把支票簿塞過去，才解了圍，但破綻都給觀衆看到了。

㈣最好笑的一次是，兩人開玩笑打架，你推我一把、我推你一把，大概用力較大，甲被推到牆上，結果牆是佈景，因此倒了下來，演員不知是去扶牆好，還是繼續演戲，引起看電視的人哈哈大笑。

因現場演出鬧的笑話實在太多了，一直到五十八年，中視開播，買了「錄影機」，可以錄製連續劇了，笑話才停止不再發生了。

——91·11·23青年日報發表

善有善報，惡有惡報

一、

我從事戲劇的寫作，已五十餘年，一直遵守著一個原則：「善有善報、惡有惡報」。我說：「這是一項規例，也是一項鐵則。」

有學生認爲：「種瓜得瓜、種豆得豆」這一理論是正確的，合乎科學原則的。不可能種了瓜，結果，卻生長出豆來。

而「善有善報、惡有惡報」的說法，是一種「因果報應」的理論，是宗教的，並不合乎科學的原則。

因爲，現實社會的現象中，給人們看到的，往往是有些人，行了不少善事，結果，得到的卻是「惡果」，而一些在社會上做壞事的人，往往逍遙法外，並沒有得到「惡果」，反而享受，得的是「善果」。

佛教是講究：「因果報應」的，他「勸人行善，不要作惡」。

基督教有十誡，也勸人不要作惡，聖經上說：「施比受，更爲有福。」勸人行善。

假如戲劇上不強調：「善惡有報」，不就失去了戲劇教化的意義，及其存在的價值了嗎？

有一些外國電影，往往爲求突破，一些警匪對立的情節，往往會突破這一規則，最後，讓歹徒逃之夭夭，逍遙法外，這樣是否就大快人心了呢？並不，會使觀衆看完戲後，走出戲院，覺得怪怪的。

二、

這十幾年前，有一位署名爲「雲鶴」的大學教授，曾在美國進修，他自己表示受過高等教育及現代科學的洗禮，對於「因果報應」的說法，認爲是宗教家宣揚教義的一種說詞，未必可信。但返國這幾年，有許多他親眼目睹見聞的事例。擺在他面前，不由他不信，他將所見的一些眞人眞事的行善事蹟，出版了一本《不可思議的因果現象》的書籍，並且歡迎有心人士將之翻印，廣爲流傳。

雲鶴先生引證一些人，做了善事，果眞得到善報，有些人，熱心捐獻，往往生意愈做愈好，有些人得了怪病，因行善事得到醫治，雲鶴出版了這本書以後，受到廣大讀者熱烈的回響，接著又出第二集、第三集、第四集、第五集。

我受了他的影響，也寫了一篇《因果報應》的文章，在報上發表，結果，被他收錄入第四集中，予以轉載。

事隔十餘年，我已忘記此事，但我想起，那幾年，我經常捐款給一些孤兒院，似乎，一切都很順利。

這許多「行善得善報」的實例，……眞是不可思議。

三、

雲鶴先生親自實驗，結果，他果眞行了善事，得到了「善報」，他出版書一再被人翻印，他並未因之發財，但做事十分順利。

我受他的影響，也親自實驗「行善」，也獲得了不可思議的反應；我盼望這個社會上的年輕人，把腦筋急轉彎，不要去搶銀行，搶超商、行詐術，騙人錢財，遲早會落網，要不雖然得逞於一時，良心仍是會惶惶不安的。若反過來行了善事，內心會很愉快，樂善好施，因果報應，歷歷不爽，你若不信，不妨也親自實驗一下，便知分曉。

——92·4·6青年日報發表

壽師宴

我在大學執教了廿幾年，每年幾乎都接受畢業同學的「謝師宴」，從未參加過一項爲自己老師祝壽的壽師宴。

回憶民國四十二年四月，我自政工幹校畢業，迄今已歷四十四個年頭了，當年我還是個年輕小伙子，如今已是七十歲的老人了。

歷經漫長的四十四年，許多教我們的老師，均已先後凋謝，而當年教我們「國文」的林大椿教授，雖已登八十高齡的耄耋之年，依然十分健壯，他由「跨系教授」至新聞系主任、新聞研究所所長，任教了半個世紀，始終堅守教育崗位，未離開講台一步。

春風化雨，經他教過的學生概略計算，已近四萬餘人，這份功業，眞是一般人所望塵莫及的。教的學生中，如今均已卓然有成，爲了感念師恩，十月九日，特林在教授八十華誕的前夕，在台北「易牙居」召集了歷屆畢業於復興崗新聞系的子弟，舉行了一次極爲難得的「壽師宴」，榮請林老師暨師母雙雙出席參加，備極溫馨感人。

是項難得的宴會，由現任青年日報社副社長黃穗生學長主辦，出席者包括第一期至卅二期的學長、學弟、學妹在內，雖人數不多，但大半彼此不太熟識，但經林老師親自一一點名介紹下，很快的融合在一起，親切如同久違的兄弟姊妹一般，這真是一次值得珍惜的「壽師宴」，値得爲之一記。

宴會未開始前，先由十七期畢業的曾子銘學長，分送每一出席者，由他負責集稿編輯的祝壽專輯：「桃李獻壽」，內中除了刊出各期同學撰寫的祝壽文字外，更難得的是一些林老師年輕時的照片，還有他年輕時寫給他太太情書的鑄版原文，眞是珍貴的歷史性文獻，子銘爲輯印這本新書，出錢出力，還花了不少心血，眞使大家感動。

開席前，主辦人黃穗生邀請我這一期畢業的老學童，代表同學向老師致祝壽賀詞，我說了三點：

第一、我希望林老師和前中央研究院吳大猷院長一樣，最近他過九十歲壽誕，一些受他教的學生，有的在海外，在大陸、香港分批趕回來，陸續不斷爲之祝壽，十分熱鬧，我祝福林老師他同樣長壽綿綿，到九十華誕時，我們依然聚集在一起，爲之慶賀。

第二、林老師擅長做嵌名聯，不久前，他也送了我一副，聯曰：「龍門陣裡稱名嘴，昭熱區分是作家。」我對「昭熱」兩字頗爲費解，經老師解說，原來其中有典故的，他說宋朝有一名程覃者，在京兆做官，頗負民望，民間有投詞牒，乞賜執照造橋，程覃竟揮筆寫了「昭執」二字，及見其誤，告漏了四點，他乃在「執」字下加了四點，亦未將兩字顚倒過來重寫，流傳下來，後人就將錯就錯，將「執照」變成了「昭熱」，成了「流行語」。因我近在中廣公司「細說流行語」，想不到隔了四十四年，老師仍不忘教了我一招，老師的學問淵博，令人敬佩，按「招熱」這一詞彙，「辭源」、「辭海」都找不到注解，程覃的事蹟，一般書籍，也少有記述。

第三、我說老師的大名「大椿」，典出自莊子之《逍遙遠》篇：「上古有大椿者，以八千歲爲春，八千歲爲秋，此大年也」。一些人忽略了文上還有上句：「楚之南有冥靈者，以五百歲爲春，五百歲爲秋。」按冥者，係海中之海龜，也十分長壽，可活五百歲，而植物中之椿樹，可活八千歲，較之大了十三倍，而老師又姓林，配上大椿，可謂奇妙的組合，際此吉日，我們衷心祝福老師壽比南山，福如東海。

詞畢，我要求大家同聲合唱「生日快樂歌」及老師親撰的「復興崗校歌」，老師與同學一齊引吭高歌，猶如又回到了當年的時光。

接著按照期別同學先後，分批與老師、師母合影留念，現任學校新聞系主任的劉建鷗學妹，向老師呈獻了一個紀念銀盤，是十期畢業同學呈獻的，另有陳銘驤同學在席間穿梭爲大家攝影，並贈送最近出版的「勝利之光」雜誌，上有介紹林教授的專文、圖片。餐畢，現任台灣新聞報社長的十一期趙立年、鐘八重夫婦特從高雄送上了一個大蛋糕，要求老師許願。

林大椿老師從母校新聞系第一期教起，至四十五期退休，爲新聞界培植之人才，難以概述，其中獲博士、碩士學位者，更是無法統計，因爲有的在國外，有的在中南部各地，平時缺少聯繫，而早期畢業的同學，已先後自工作崗位上退休，年輕的一代，尚在不斷磨練中，「十年樹木，百年樹人」，林老師畢生獻身於新聞教育，眞是新聞教育史上的功臣。

——86·11·30 青年日報發表

林老師我服了您！

四十四年前，我在大學讀書時，教我「國文」的林大樁老師，今年已八十嵩齡，依然十分健壯，記得當年，他教我「大學」一文時，僅「大學」兩個字，就足足講了兩個小時，他國學知識的豐富，至今仍令我記憶猶新，難以忘懷。

不久前，他撰了一副「嵌名」的對聯，贈送給我。聯曰：「龍門陣裡稱名嘴，昭熱區分是作家。」

龍門陣是四川人的流行語，意思是聊天、談話，大家都懂；下聯的「昭熱」兩字做何解釋，我問一些相識的朋友，都茫然不知，翻查辭源、辭海，也找不到此一詞彙的注釋。後來還是老師替我解開了迷團。

老師說：「昭熱」二字，乃是：「執照」之別名也。宋朝有人名程覃者，尹京兆，有治聲，當時有民衆有意造橋，投詞乞賜執照，覃乃大書「昭執」二字，民見其誤，告以漏書四點，忘了說二字顚倒了，覃即於「執」字下加了四點，變成「昭熱」，這一筆誤，後人也跟著就將錯就錯，將「執照」兩字，流行寫成「昭熱」了。

因我近在中廣公司第三網每周一「文學風情」節目中講述「流行語」，想不到，隔了四十四年，老師仍給我上了寶貴的一課，老師，您滿腹學問，我眞「服」了您！令我終身敬佩。

——86・12・20活水文薈發表

「青年日報」是我良伴

「青年日報」五十週年了，時間週得眞快。我記得這份報紙，最早叫「戰友週報」在軍中發行，後來改爲「青年戰士報」擴大對社會發行，再後來，改爲「青年日報」，偏重以青年爲對象，不再限於軍營中的官兵。

當我是青年時，她是我的良伴，我不但是她的讀者，也是她的園丁：作者，我投注了不少心血在她身上，我已記不清我在這五十年中，在她那兒領了多少稿費。

如今，我已由青年進入中年，再由中年進入老年。青年日報伴我作息、閱讀、寫作，充實了我的知識，增長了我的見聞，更訓練了我的腦力與心力。

歲月悠悠，五十年漫長的日子過去了，但我愛「青年日報」始終如一日。

五十年中，台灣經過了不少的風浪、駭人的衝擊：

一、首先是經國先生開放了「報禁」，國人可以申請自由辦報，不再是限制只有那幾種報紙可以出版發行，報紙擁有了新聞自由出版，但報紙也因之進入了激烈的戰國時代，沒有能耐的一一接受了淘汰，而「青年日報」依然屹立。

二、接著政府又開放了「黨禁」，人民可以自由組黨，不再是一黨獨大，各式人等都可以組黨，結合一批人在政治舞台上發表聳人聽聞的言論，政黨與政黨之間，也可以新聞媒體，互相放話互相攻訐，甚至無管制的以「言論自由」，來揭人隱私。但可愛的「青年日報」從來不做這樣的事，他不抹黑罵他人，也不會不遺餘力為某些人吹捧。

三、報禁、黨禁開放以後，商業掛帥，一切向錢看，有些報紙刊登不實的醫藥廣告，吸引年輕人墮落的色情廣告，還有一些騙人上當的「小廣告」，在新聞取捨方面，不重視報導好人好事，專報導一些殺人、逆倫、放火的社會新聞，還有一些是不實的「八卦新聞」，因受到一般讀者的歡迎，大篇幅的大登特登，而「青年日報」抱持著一貫清純的風格，決不迎合歪風，導致社會風氣沉淪、劣質化。

四、民主政治，重在選舉，近年來，為了能當選，各種惡劣的競選花招出籠，顛倒是非黑白，媒體報紙，往往為其所利用，尤其是政黨輪替以後，民進黨變成了執政黨，而國民黨變成了在野黨，在報導言論、新聞處理方面，能始終保持不偏袒某一方，維持公正、中立形態的，「青年日報」是「路遙知馬力，疾風知勁草」，少見可愛的一份報紙。

國家興亡，匹夫有責；我們常說：「時代考驗青年，青年創造時代」，在「青年日報」五十週年的今天，我願她：永遠有青年人的活力、純潔及衝勁，始終堅持站在時代的最前線。

（於九十一年九月五日青年日報發表）

《木蘭風雲五十年》序

民國卅八年，是一個動亂的大時代。

有一群十八、九歲愛國的女青年，在政府的號召下，自大陸各地搭船來台，加入了革命的行列；在屏東的阿猴寮，卅八年的三月八日，成立了「女青年工作大隊」，在軍事基地，接受嚴格的軍事訓練，畢業後，分發至軍中服務，在炮火中犧牲了生命，亦無怨無悔。

五十年漫長的歲月過去了。

這些少女把一生的青春、生命奉獻給了國家，如今均已進入了古稀之年，垂垂老矣。

民國八十八年的三月八日，她們又聚集在一起，慶祝「女青年工作大隊」五十週年的隊慶，忽聞「女青年工作大隊」這一名稱將被取消，而這一光榮的番號，也將隨之進入歷史，年已老邁的女兵，能不愴然淚下，感嘆不已嗎？

世代交替，當年的往事，充滿了辛酸、痛苦，也有難忘的歡樂和記憶；若沒有人將之記錄下來，……後人將會忘記了她們的存在，但五十年的點點滴滴，要一一追述，也非易事。

在女兵中學過「新聞」的華文第女士，如今，她雖已子女有成，但亦已進入坐六望七之年，目前，更是身居異鄉美國一家大飯店的大老闆，上有九十多歲的兩位高堂父母要奉養，在公私兩忙的情況下，她毅然決然不顧一切的，挑起了這副重擔，爲了忠實的記述這一段過去的歷史，她歷經了一年半以上時間的熬夜、寫作。有關書中的內容、先後次序，甚至「書名」，均經過再三的斟酌考慮，一再的琢磨。

《木蘭風雲五十年》這一本書，如今終於出版了。

爲了寫這本書，文第特別邀請我做她的參謀和助手。她虛懷若谷的要求我對她的初稿加以過濾、潤飾及提供建議，繫於五十年前，我和她曾同在一個教室上課，我們是政工幹校新聞系第一期的同窗至友，實難加以拒絕。

寫作期間，她人在美國，挑燈筆耕後，爲求完美，不時打長途電話給我聯繫，一部分原稿，更越洋傳眞給我過目，可謂字斟句酌，煞費苦心。文第在書中，不僅寫她自己當年受訓、工作情景，更深入的採訪了一些當年與她同在一起奮鬥老夥伴的近況，並報導了後期加入「女青年大隊」後進學妹們的光輝事蹟，那些生動的描述，使人讀後感到血淚交流，肅然起敬。沒有半點向壁虛構矯情做作，是可以向讀者保證的。

「女青年工作大隊」，是我國建軍史上，第三代的女兵。過去，抗戰期間，女作家謝冰瑩女士寫的「女兵日記」，是繼花木蘭後，第二代女兵的寫眞實錄，迄今仍給人留下深刻的印象。文弟這本《木蘭風雲五十年》也能與之相互交輝，爲女兵史上留下光輝的一頁。

歲月悠悠，「女青年工作大隊」，雖已走入歷史，但是，她們英勇奮鬥的事蹟，應該永遠留傳下去，活在世人的心目中。

——89·9·7青年日報發表

陶芸樓百年紀念畫展

一、

「七友畫會」成立於民國四十四年的春天。迄今已相隔了四十二年，是相當悠久的往事了。

「七友畫會」是由七位志趣相投的畫家組合而成。他們七位的大名是：馬壽華、張縠年、陳方、高逸鴻、劉延濤、陶芸樓、鄭曼青。如今，均已先後仙逝。但是他們留下的畫，卻一直為愛好國畫的朋友所珍藏著。一些年紀稍大，在藝文界的人士，泰半都記得他們的大名。

我曾在「國立藝術館」聽過鄭曼青的演講，也看過張縠年先生的畫展，民國五十六年，我得中國文藝協會最佳電視劇編劇「文藝獎章」時，是馬壽華頒發給我的，高逸鴻先生也常在一些畫展會場見過，只是七人中的陶芸樓、劉延濤、陳方三人較為陌生。

「七友畫會」是本省光復後，成立最早的畫會組織，他們除了擅長繪畫外，皆謙沖仁厚、且學識豐富、淡泊名利，在民國四十年代，每年定期舉辦聯合畫展，是相當不容易的一件事。

如今雖物換星移，新人輩出，但他們的作品，依然未被人們湮沒遺忘，殊為難得。不久前，在台北歷史博物館，展出了「馬壽華書畫紀念展」，八月間，在基隆的文化中心，又有了一次「陶芸樓百年紀念展」，主辦單位畫展，另起了一個「懷舊與鄉愁」的副標題，讓參觀的人群，勾起不少往事的聯想。

原來，陶芸樓一直居住在基隆，而我長住台北，所以，我對他也比較陌生。

二、

陶芸樓，是浙江會稽人，他十四歲喪父，十五歲時即為人刻印，並寫春聯鬻錢貼補家用。廿七歲，在上海舉行畫展，與名畫家吳昌碩相識，民國卅六年來台，任基隆市政府秘書，已五十歲，民國四十四年參加「七友畫會」，展出作品不少，民國五十年，獲 先總統蔣公召見於士林官邸，蔣夫人及美駐華大使莊萊德夫人，觀賞過他的畫展，民國五十三年，不慎步行時發生車禍逝世，享年六十七歲。

想不到，相隔了卅年，基隆文化中心會為他舉辦了一次規模甚大的「百年紀念畫展」、原來，他的二公子陶晴山、繼承了他的衣缽，如今，在基隆正是相當知名的山水畫家，舉行多次山水畫展。

我雖不識陶晴山先生，但他女兒陶德敏，世新畢業後，卻因跟我學習編劇，做了我的學生。在她邀請下，我專誠搭車去基隆，觀賞了這次難得一見的畫展。

三、

基隆文化中心爲舉行這一次「陶芸樓百年紀念展」，經過了兩年長時間的準備、蒐集了近四十件畫作，另有陶芸樓的金石作品，以及他在世時，經常拜讀的一些線裝古書，雖已泛黃，但仍能被珍藏來展出，眞是不易。

陶公所繪的「山水畫」，古樸而又飄逸，花卉古玩，灑脫而無絲毫煙火氣，充分流露出文人淡泊自然的心境，爲憶其夫人所鐫刻的「滄海月明珠有淚」印章，尤使我想起詩人李商隱的生平事蹟；眞沒想到，陶公與我一樣，也偏愛李商隱，對他情有獨鍾。

看了陶芸樓的畫展，踏上歸途，深爲這位前輩畫家的人品風格，書畫根基，欽佩不已，他雖已是百年前的古人，但他埋首詩畫，一生不追求世俗的名利，充分展現了中國文人的風貌，値得後人學習。不愧是：「書畫稱絕藝，筆墨見詩情。」

——86·10·30青年日報發表

六、細説流行語

流行語的細說與探討

一

過去，文壇有位大老朱介凡先生，精研各地的「諺語」，歷五十年，後來，出版了有關諺語的學術著作，極受文壇重視。

近十年來，我因從事戲劇編寫，注意劇中人各種不同對白的撰寫，開始研究人們嘴邊常說的一些「流行語」的來龍去脈，發現流行語有老的，也有新的，對它們的出典、掌故，作深入的溯源與探討後，發現每一句「流行語」的形成，其中都包含了不少有趣的資訊，是一般人所不知道的，……因爲有些「流行語」的注釋，一些《辭典》、《辭海》，甚至《百科全書》，也難找到答案。

在漫長十多年悠久的歲月中，我研究「流行語」，先是撰文在報紙上發表，繼而彙集一起，出版了單行本。十年來，我已出版了六集單行本，進而二度在「中廣公司」的廣播節目中，親自播講，受到廣大聽衆的迴響，再因出書，及海外紐約「世界日報」、「星島日報」

等報刊轉載我「細說流行語」的文章，等於邁向國際化，加拿大的亞伯達大學，東亞語文系主任林理彰先生也對我的專著，引起莫大的興趣。這裡，我願將「流行語」的細說與探討過程，向大家作一番報告。

二

我研究「流行語」，發現一個時代，有一個時代的流行語。抗戰時代說的「流行語」，有些與現代人說的「流行語」不一樣。例如抗戰時說「大頭」，是指「袁大頭」、「銀洋」，現代人說的「大頭」，是「冤大頭」、「凱子」。過去說：「條子」，是「金條」、「財物」，現在說：「條子」，是指「警察」，從前人說「馬子」，是便溺的用具，現代人說：「馬子」，是指女孩子。類似的例子很多，不勝枚舉。

「流行語」除了有時代性以外，還有區域性。大陸上流的，台灣人聽不懂，大陸人喜歡「倒爺」、「款爺」、「侃爺」，台灣人不明白是什麼意思？大陸上叫太太爲「愛人」，叫不合法的同居人叫「情人」，台灣人則叫「太太」、「內人」，香港人則叫「老婆」，年輕的太太，也是「老婆」，年青的先生，則叫「老公」。台灣人擺路邊攤，怕聽見叫「警察來了」，大陸則怕聽見叫「公安來了」，台灣人叫

「礦泉水」，大陸上叫「超純水」。台灣人叫「動腦筋」，大陸上則叫「換腦筋」，新一代的年輕人則叫「腦筋急轉彎」。過去大家叫「時髦」、「摩登」，現在則叫「流行」、「新潮」。

我仔細研究分析「流行語」，將之分成四大類：

第一類：是目前社會上一般人口頭流行說的，一些報章雜誌流行用的新名詞，如「卡位」、「雙贏」、「拒吸二手煙」、「大小目」、「白手套」、「性騷擾」、「找麻煩」、「抹黑」、「人頭」、「放話」……等，這一類，過去很少人用，如今卻十分流行。

第二類：是一些已有相當年代的流行語，過去有人這樣說，如今仍有人在說，歷久而不衰，但這些流行語的出典、來歷，一般人都知之不詳。例如：「二百五」、「十三點」、「半吊子」、「狐狸精」、「活見鬼」、「吹牛皮」、「拍馬屁」、「敲竹槓」、「狗腿子」、「抬轎子」、「洒狗血」、「吃螺螄」等。有的流行了幾百年，也有流行好幾十年以上的。

第三類：是一些原有的名詞，現在流行一種新的不同的解釋，與原先的解釋不一樣，如「充電」、「放電」、「漂白」、「插花」、「休息」、「乾洗」、「口試、「吹喇叭」……等，如現代人說：「在哪裡休息？」並不是像過去人說的去「休息」，說「插花」，也不是女人的「插花」。

第四類：原本是一些外來語，變成了中文，也有了新的含意，如最近的「酷」、「狗仔隊」、「波卡」、「接吻·打波兒」、「杯葛」、「牛肉秀」、「馬殺雞」、「星期五餐廳」、「午夜牛郎」……等，有些是音譯，也有些是意譯。

爲了對這些「流行語」的深入探討，我翻查了不少中英文辭典、歷史古籍，以及中央圖書館的藏書，有時往往上窮碧落下黃泉，踏破鐵鞋還是尋不出原委，只好多方請教年老的耆宿、長者，以及各行各業的專家，在不恥多問，遍問的情況下，費盡功夫，才找到根由、答案。

深感「猜謎」是很苦的一件事，一個謎，猜不出來，睡不好覺，吃不下飯。不像出謎語的人那樣輕鬆。但猜謎人一旦找到答案，中了謎底，那份愉快、高興，也是出謎語的人享受不到的。

這十多年的辛苦耕耘，如今出版了六集單行本，總算稍有收獲，願與人同享。如今並未停止此一工作，有生之年，我將再繼續下去。

三

我是民國七十六年開始研究流行語的，最先是在「大華晚報」撰文發表，後來該報停刊，轉移到「國語日報」、「立報」、最後在「台灣日報」成爲發表此一專欄最多的園地。「台灣日報」改版以後，又轉往「新生報」、「中華日報」、「青年日報」等發表，此其間，美國紐約的「世界日報」、「星島日報」也經常刊登或轉載，讓我一些海外的友人也看到了，向我陳述。

民國八十二年八月，「號角出版社」，出版了第一集「細說流行語」後，很快的，初版售完，又印了第二版，一些中學生最感興趣，在校園裡爭相傳閱。那一年幼獅廣播電台的「書房閒話」節目主持人許愛偵小姐，在節目中向我作了訪問。後來，我去加拿大，出席「中加作家會議」將該書分贈給一些懂得華文的加拿大作家教授，他們讀後都表示感謝，並向我說：什麼「放鴿子」、「踢皮球」、「炒魷魚」、「打算盤」、「打太極拳」……都有另外的解釋，至於「吃豆腐」、「眼睛吃冰淇淋」、「王八蛋」等詮釋，更是使他們大開眼界。加拿大大學教華語的教授，從未聽說過這樣的解釋。

八十三年五月，「號角出版社」又出版了第二集「細說流行語」，這一年，又有台北電台「藝文夜談」的主持人宋英小姐，向我作訪問，要我談寫作的經過。不久，又有警察電台「充電磁場」的主持人夏林小姐，要我在節目中舉例介紹「敲竹槓」、「露馬腳」，等流行語的來龍去脈。這一年的十月，我去大陸上海出席他們舉辦的第二屆國際性的「莎士比亞戲劇節」與大陸作家相互贈送著作，發現大陸也有人在研究「流行語」，上海出版的「當代流行語」與此間的「流行語」不一樣，例如：「擺龍門陣」，他們叫「侃大山」，若不加說明，眞難以弄明白。

八十四年六月，中廣公司「咖啡時間」節目主持人劉小梅小姐，找到了我，請我親自在空中現身播講：「細說流行語」，每週播出一次，一次卅分鐘，原計劃播兩個月，想不到播出後，反應熱烈，欲罷不能，一延再延至年底，始告一段落。我在講「打波兒」、「二百五」、「出洋相」等流行語時，有人來電表示讚賞，也有人寄信去中廣，更有熱情的聽衆，在播出時直接「叩應」(Call in)找我說明，有人希望我出書，甚至出錄音帶，以廣流傳。報紙上出現了大陸四川大學教授寫的「流行語」書評，此間「語意學」專家教授也撰文推介，以及旅加拿大作家榮獲「吳三連文學獎」的小說家東方白的喝采，認爲「趣味豐富，有聲有色」，這些文字，我都收錄在八十五年出版的第三集單行本中。

在空中播講期間，爲配合宣傳，我曾經撰一短文在八十四年十一月發行的「廣播月刊」發表，意想不到受到僑務委員會出版的「宏觀」雜誌總編輯吳雪雪女士的青睞，將該文於十二月號的「宏觀」轉載，這引起了當時擔任僑務委員會委員長章孝嚴先生的注意，他得知我的「細說流行語」已出版了三集單行本，就電僑委會購買各一百本，撥交運送到海外的文教機構，向海外僑胞及有興趣學華語的外國洋人進行文化交流，並發揚中華文化。

我十多年的心血沒白費，因著我鍥而不捨的尋根究抵，「流行語細說」因平實的文字，進而闖入空中廣播，再因空中廣播而出單行本，轉送到海外的每一角落，這是我事先想也沒想到的。

在台北師範大學，有不少學華語的洋朋友，知道我研究「流行語」，先後向我請教：「走後門」、「打秋風」、「吃癟」……等出典，我也費了不少功夫，一一為之作答。

民國八十六年七月，中廣公司「文學風情」節目主持人劉小梅小姐，請我在節目中，再度重新登場，在空中繼續為廣大聽衆說些新發現的「流行語」，如什麼叫「雙贏」？什麼叫「卡位」？現代人把「同志」稱呼「同性戀者……」以及「狗仔隊」得名的出典……我再度接受挑戰，披掛上陣，想不到有不少中小學的教師，集體寫信給中廣公司，認為獲益良多，我的聽衆越來越多，原每週二播出，主持小劉小梅特將之改在每週一播出，如今已播了半年多，未有聽過的朋友，可於每週一下午五時零五分，在AM1063號頻道，上聽到我的聲音，解說「流行語」。最近「鐵達尼號」電影，賣座鼎盛，我特說「冰山一角」，……以嚮聽衆。你不能不知道，一座冰山之形成，需要多少年嗎？……要三千至五千年之久，跟我中國五千年的歷史，那樣悠久，難怪它可以將鋼鐵鑄造的「鐵達尼號」撞沉！

八十七年一月，我由「健行文化」出版了第四集的「細說流行語」，書名用的是「隨口溜有來頭」，歡迎你讀後給我賜教。更歡迎你提出你聽到的那些「流行語」，不知道出典或掌故的，不論新的或老的，我都願為您費盡功夫，去找它的「答案」。

——87·5·1星島周刊發表

流行語中找樂趣

一

小時候讀書，不敢站起來向老師發問。回家問母親，母親就說：「學問，學問，『學』就是從『問』而來，你不懂，又不敢去向老師發問，怎麼會得到學問呢？」

後來長大了，一再向人追根究柢的發「問」，結果，把人「問」煩了，就說：「你怎麼打破砂鍋問到底啊？」

我就很納悶，回答問題就是了，何必要把「砂鍋」打破呢？砂鍋打破了，與問題無關啊！有時候，看電視劇，聽人說：「呀，眞是不到黃河心不死！」

我奇怪，爲什麼他要這樣說。爲什麼不說：「不到長江心不死」？長江比黃河還長啊！啊！原來，其中有一個淒美哀怨的愛情故事，你知道它的來歷嗎？

「狗咬呂洞賓，不識好人心」這句話，你聽說過吧？這是說有人「不知好歹」，把好人看成了壞人。以前，我請一位朋友將我劇本中說的這句台詞翻譯成英文，他問我：「狗爲什麼要咬呂洞賓，要如何翻譯，才能使洋人明白？」

我問了很多人，知不知道「狗爲什麼要咬呂洞賓？」包括一些飽學之士，大家都說不知道！最近，我上天下地，終於找到了「狗咬呂洞賓」的原因！答案就是在我最近出版的新書「打破砂鍋問到底」中。

廣告上常說「破天荒」，究竟「破天荒」，是誰最先說的呢？

「羅生門」是什麼意思？這不是一部日本電影的片名，但是好像一些新聞中說的「羅生門」，與日本電影毫無關係呢？

「鬼話連篇」，胡說八道，這世界上有鬼嗎？什麼？還有「與鬼共舞」的眞實故事？

二

上面的這些謎團，我一一都花了不少工夫，找到了它們的答案。就像玩猜謎遊戲一樣，心裡十分痛快。但是，在「猜」的過程中，我不斷向人請教，不斷翻閱各種不同的中英文書籍，還經常跑中央圖書館，日夜苦思，甚至在午夜夢迴時，想起應該去查那一類的書，才可以找到它的答案。一句人們嘴邊常說的「流行語」，如：「羊毛出在羊身上」，就花了我不少的心思，從山羊、綿羊、紡織業沿革，追尋其出典，爲之食不知味，夜不安枕，但求得了答案，豁然開朗，痛快無比。

三

屈指算來，我研究「流行語」的來龍去脈，已經十一個年頭了。如以讀大學四年畢業來計算的話，我等於讀了三次大學，都已畢業了，但我一點也不以爲苦，而常樂在其中，深感：「學海無涯，樂趣無窮」。

我除了寫「流行語」的文章，在中外各大報紙發表外，並且在中廣公司二度被邀請，在節目中親自播講了近三年的時間，迄八十九年，我才決定不再廣播，好好休息一陣子。

我前後已出版了「細說流行語」的單行本四集，這一次出的「打破砂鍋問到底」新書，是「細說流行語」系列的第五集，其中如上述的一些問題答案，都是大家耳熟能詳，卻無法即時回答的。

「鐵達尼號」沉沒後，大家都知道，它是被冰山所撞，那麼「冰山一角」的冰山，究竟多大呢？

「標籤」不一定貼在商品，「門檻」可以提高，也可以降低。

「八卦新聞」現在很流行，選舉近了，「八桿子打不著」的關係，都要去攀！

我深深盼望閱讀這本書的讀者，能與我分享「流行語」中的樂趣。

——89·1·20青年日報發表

高處不勝寒

一

排名世界第一的女子網球高手——辛吉絲，近宣稱她將自網壇退休，不再參與網球比賽。這位出生瑞士的球后，十四歲就出道打網球，十六歲就登上世界排名第一的寶座，足足維持了兩百零九週的世界第一榮銜，她在網壇上曾摘下四十座WTA的后冠，包括一九九七到一九九九年在澳洲公開賽三連霸，以及一九九七年在溫布頓網球賽及美國公開賽兩大滿貫賽封后。

辛吉絲今年才廿二歲，因腳踝關節受傷，前後動了兩次手術，如今傷癒康復休養中，去年在美國公開賽時復出，可能因受傷開刀的影響，敗於美國前球后莎絲手下。

辛吉絲近向記者表示：「我在職業網女打滾已夠久了，我知道攀上巔峰和高處不勝寒的代價滋味。我已連拿四年世界第一，已感滿足。」她決定自網壇退休後，回到學校，重拾學子生涯，追求知識上的滿足。

二

一個人可以連續四年，拿「世界第一」的榮譽，但不可能永遠拿世界第一，能急流勇退，是聰明之舉。所謂：「瓊樓玉宇，高處不勝寒」，中國人常說：「人上有人，天外有天」。在各種比賽中，經常：「強中更有強中手」。

宋朝周邦彥寫的〈浣溪沙〉中有：「勸君莫上最高梯，新筍已成堂下竹，落花都上燕巢泥」俗話也說：「爬得愈高，摔得愈重。」人生在世，追求名利，往往貪得無厭。

民主時代，有人當選了市議員、縣議員，還不滿足，又再競選縣市長或立法委員，老是希望更上一層樓，再不就是希望連任，一連再連。三連霸，五連霸。

過去，秦始皇併吞了六國，做了始皇帝，還祈求「長生不老」的仙丹，希望永遠的活下去。

台北市八十三年完成了五十一層高的「新光摩天大樓」，美國紐約有了一百零二層高的帝國大廈，如今還有人要在台北興建更高的大樓，結果還未完成，地震就震死了不少人，不久前失火又燒起來，消防隊還不知道如何將水柱澆上去滅火。

有些人賺的錢已經夠了，甚至吃了一輩子，都不用發愁，但仍無法滿足發財的慾望，繼續不斷的投資再投資，要把「錢」留下來給後代的子孫享用。

三

辛吉絲自網壇退休，主要是因她腳踝受傷開刀動手術後，體力衰退，不再能取勝稱后，所以才宣布自網壇退休，在現實社會中，要誰自動退出名利的追逐，眞是難上加難。

不知是否島國民衆的自卑心理作祟，台灣人希望能打破「金氏世界紀錄」，要做最大的蛋糕，最大的月餅，最大的便當，浪費不少米糧，只祈求在「金氏世界紀錄」上留名，冷靜的想一想，眞是何苦來哉！

辛吉絲的自網壇退休，給大家一個良好的啓示，那就是什麼事，要知道「高處不勝寒」，能急流勇退見好就收，才是有智慧的高手。

——92·3·4青年日報發表

歇後語與打油詩

一

編寫劇本中的對白，我鼓勵大家多運用口語、諺語，因而涉及歇後語與打油詩，這要靠平時多蒐集、貯藏，要用的時候，就非常方便了。

歇後語起源於唐朝，有一種歇後體，是唐人鄭綮所創。《舊唐書。鄭綮列傳》載有一則趣聞：鄭綮善寫詩，詩裡總帶刺，詩的樣也有些怪，當時人稱：「鄭王歇後體」。想不到，這些不登大雅之堂的怪詩，竟廣爲流傳，以至連唐昭宗，也經常聽到有人吟誦這些怪詩，有些詩是諷刺時弊的，唐昭宗聽後非但不怪，反而覺得詩中大有蘊蓄。親筆批示：「鄭綮可禮部侍郎平章事」。後來，鄭綮當上了宰相。他當官以後，謹言愼行，再也不寫諷刺時弊的「歇後詩」了，但歇後語，卻流傳了下來。

二

打油詩，也是唐朝當時很流行的一種詩體。原來當時有一個名叫張打油的人，他喜歡寫詩，但沒有名氣。他寫的詩，通俗易懂。有一年冬天，他看見外面下了大雪，不禁詩興大發，寫了一首「詠雪詩」。

原文如下：「江上一籠統，井底墨窟窿，黃狗身上白，白狗身上腫」。

全文沒有一個「雪」字，但對雪景描述得很貼切、逼真，尤其最後一句，那個「腫」字，十分傳神有趣。

張打油，雖寫了不少這樣的「詩」，但因詩沒有寄興，沒有格調，所以，他沒有名氣。後來，人們把這種隨口成章、沒有寄興、詩意詼諧。打諢逗趣的滑稽詩，就稱之爲打油詩。打油詩通俗易懂，不用出典、掌故、大家喜聞樂見，又容易背誦，就流傳了下來。

三

現代人寫現代詩，很少人再寫歇後語與打油詩，事實上，寫歇後語與打油詩，也都要有些才氣才行。如今流行「創新」、打破「傳統」，可以自己創造新的「流行語」，何必把古人的語言、詩句，來寫作運行呢！……

不過，學寫劇本的朋友，還是「說曹操，曹操就到」、「三個臭皮匠，抵個諸葛亮」，靈活用一些歇後語與打油詩，在對話中，還是很受人歡迎的。

——92·1·19青年日報發表

八字還沒一撇

一

我們時常可以在戲劇的「對白」，或人與人「交談」時，聽到說：「還早，八字還沒一撇呢！」

運用說這句話，多半是指：這件事，尚無眉目，還沒開始的意思；並不是因爲「八」字的構成，是先有一撇再有一捺，一撇還沒有，怎麼可能先寫一捺？

事實並非如此。

「八字還沒一撇」這句話，是根據「八字」兩個字而來。一個人呱呱墜地出生到這世界上，就有了這個八字，星相家以人出生之年、月、日、時的天干地支，來推算此人的禍福壽命、富貴貧賤，往往八九不離十，這眞是很奇妙的一件事。

首創此說者，是唐的李虛中，唯他只算出生之年月日，未及時，到宋朝有徐子平其人，才開始加入時辰之計算。天干是甲乙丙丁戊己庚辛壬癸；地支是子丑寅卯辰巳午未申酉戌亥。

天干配地支，有六十種變化，是所謂一「甲子」。

如今年是壬午年，三月是癸卯月，廿日爲庚午日，時辰是上午或下午，申辰時。

這八字配合方位、五行，就產生相合、相沖、相剋、相刑、相害……等不同的變化。

古時候，一對男女的結婚，未來的禍福吉凶，都與「八字」有關，所以要請算命先生合一合兩人之八字，若八字相合，這樣的結果，十分美滿，否則有相剋，有相刑、相沖、相害的情況，這個婚，不結也罷！

這也可說是「八字還沒一撇」這句話的來龍去脈。

「八字」相沖、相剋、相刑、相害，有下列的基本規則：

一、天干相沖：甲庚沖、乙辛沖、任丙沖、癸丁沖、戊已位中央，無方沖。

二、天干五行相剋：甲乙木剋戊、己土；丙丁火剋庚、辛金；戊巳士剋壬，癸水、庚辛金剋甲、乙木；壬癸水剋丙、丁火。

三、地支相沖：子午沖、丑未沖、寅申沖、卯酉沖、辰戌沖、巳亥沖。（生肖相差六歲，謂之六沖）。

四、地支相刑：寅巳相刑、巳申相刑、申寅相刑、丑戌相刑、戌未相刑、丑未相刑、子卯相刑、子午相刑、卯未相刑、辰刑辰、午刑午、酉刑酉、亥刑亥。

五、地支相害：子未相害、丑未相害、寅巳相害、卯辰相害、申亥相害、酉戌相害。

看了這些規則，有些有規律，有些無規律，一般人會弄得頭昏腦脹，容易弄錯，就將之委諸算命先生，他們大半是盲人，靠死背硬記，心無旁騖，才不會算錯。

二

有些小孩生下來，父母就爲之排八子算命，若是命硬會剋父母者，就設法過繼給別人收養，剋夫或剋妻者，就隱匿不說，長大後，要合八字時就將其八字稍加變動，使算命的算不出來，唬弄過關，也是常有的，否則，果其應驗，也無可奈何。

記得我幼年時見外公外母，意見不合常爭吵不休，後來，外母臨終時，才向子女說出她的眞正八字，當年合婚時，是用假的八字，她擔心死後仍用假八字，子女燒紙錢給她，她會收不到，這不就糟了嗎？—

有許多事「天機不可洩漏」，未來的遭遇，不可知道得太多，「八字還沒一撇」，婚姻大事，「遲婚早婚」，也是老天早已注定，急也急不來的！

——91·7·3青年日報發表

真金不怕火煉

從前老一輩的人對初入社會的年輕人，掛在嘴邊常說的一句話，就是：「眞金不怕火煉」，記得，我離開大陸的時候，我母親對我叮囑說的，也就是這句話。

母親說：「金屬中，金、銀、銅、鐵、錫五大類，金最值錢，它經得起考驗，火再熱，煉了半天，金子還是金子，若是別的金屬，若是包金、鍍金或是成色不足的K金，火一燒，就顯出了原形，所以去銀樓買金子要買『足赤』，就是十足的金子成分，不是K金或成色不足的假金子。」

如今，銀樓的一些金塊，也都強調成色是四個九字的，即雖沒有達到百分之百，但也到了百分之九十九點九九。

後來，母親進一步跟我解釋這句話深一層的含義，那就是待人要誠實，不可欺騙、偽裝、造假，雖可矇騙於一時，僥倖獲得成功，終究是要失敗的。

她說，過去，在唐時，有一名安祿山，原本是一胡人，但他很會僞裝，假裝對唐玄宗忠誠不二，結果，唐玄宗相信了他，上了他的當，惹來安祿山之亂。

那時唐朝兵力不足，用胡人鎮守邊境比較方便，宰相李林甫建議皇上多用胡人取代漢將，安祿山這也才能脫穎而出，但他身爲胡人，時常提高警覺，以取得唐明皇的信任，有一年，他聽到一點消息，就告訴唐明皇說：「今年的考試好像不太公平，御史中丞張倚的兒子張奭，連菽麥都不分，卻以優秀的成績高中，巷里均在傳說：「考官苗晉卿和宋遙在討好張倚。」

唐玄宗認爲考試作弊，會埋沒人才，非同小可，決定在興宮親自再主考一次，六十四名及格者，聚在「花萼樓」，再考了一整天，結果及格的不到百分之二，而那位張奭，在考場只會擰弄試卷，一個字也寫不出，交了白卷。

所謂「菽麥不分」，菽是豆類的總稱，豆子和麥子都分不清楚，顯然程度太差，所以要交白卷。

此事，苗晉卿和張倚都因而貶職，而安祿山這一狡猾的狐狸，卻因此贏得了唐明皇對他的初步信任。僞裝、做假，有時會得逞於一時，但唯有眞金是不怕火煉的。

——91·7·22青年日報發表

行行出狀元

一、

時常聽人說：「三百六十行，行行出狀元。」

有人問我：「三百六十行，是那些行？可否一一列出來？」

這可把我問倒了！我查閱了不少的書，才知道：三百六十行，原來是卅六行衍生出來的。

我國以農立國，最早分類，是：士農工商，萬般皆下品，唯有讀書高，讀了十年寒窗的書，一旦中了狀元，就天下揚名，而農人種田，種了一輩子的田，還是一名農夫。至於工人、商人更是等而下之，一輩子也不可能出一名狀元。

後來，因分工日多、又細，就擴張成了卅六行。清《稗類鈔》：卅六行，種種職業也。如工，就可分成木工、水泥工、油漆工……等不同的類別。卅六行很快變成七十二行、一百二十行，而至三百六十行。《通俗編》「元人但云一百二十，增多爲三百六十，乃明人言耳。」宋、田汝成《遊覽志餘》「有三百六十行之稱，謂杭州三百六十行，各有市語也。」

杭州當時是一都市，行業就多了，時至今日，早已不只限三百六十行類，什麼觀光事業、遊行社團、網咖事業，這些新興行業，絕不可能包括在三百六十行之內矣。

二、

在中國的科舉制度下，有所謂：貢舉、制舉、武舉、童子舉……等區分，隋朝開始，分秀才、進士、俊士、明經等四科，後來迭經變動，王安石進行貢舉改革，廢明經、諸科，專以進士一科取士，元、明、清承之，而狀元，是進士考試中，第一名，在進士試以前，要先經過府考、按試，「按試」有資格限制：倡、優、隸、卒之子孫，均不得參加也。

按試及格者稱爲生員，亦即秀才，沒考取的，無論年紀大小，皆稱爲童生。有了秀才資格，才可參加鄉試，考中鄉試者，被稱爲舉人。

鄉試的地點規定在各省省會的貢院舉行，應考者以本省籍爲限，不准隔省應試，但順天府（北京）可以例外。

鄉試都在八月舉行，故稱「秋闈」。

考中舉人的士子，才有第二年參加會試之資格，會試地點在京師舉行，多半在二月舉行，稱之謂「春闈」。

會試錄取者，稱曰貢士。當屆會試考取之貢士，及以前各屆已考取，因故未參加殿試之貢士，才可以參加殿試，殿試在京師太和殿上進行。

殿試及格者，分一、二、三甲等級。第一甲：三名，由皇上親自欽點。第一名：稱狀元，（亦稱殿元），第二名稱：榜眼，第三名稱探花，均賜進士及第。第二甲若干名，賜進士出身。第三甲若干名各賜同進士出身。

凡殿試及格者，均有一官半職，以後的發展，則視各人的造化與機遇了。

以上所述之過程中，可知中狀元，眞是難上又難。

三、

讀書人要經過層層的考試，每次均名列前茅，才能中狀元，其他的農、工、商人，出類拔萃，會中狀元嗎？

未之聞也。只有淸朝有位名胡雪巖的生意人，因爲從事進出口貿易發了財，又幫助左宗棠，平定洪楊之亂立下大功，才被光緒皇帝封賞他紅頂戴，成爲「紅頂商人」，但也不是狀元。

如今科舉早已廢止，讀書人也不可能做狀元，怎麼還會鼓勵年輕人說：「行行出狀元」呢？

這是不是誑言、欺騙嗎？

非也。現代人說的狀元，變成了一個出人頭地的形容詞了，他已不是一個名詞，更不是什麼頭銜。

有些人一心想考取大學，認爲這樣，才可以有光明的前途、璀璨的人生。若是考不上，就灰心失望到自殺或患上憂鬱症、精神病，流浪街頭。

這年頭，早已不只三百六十行了，但行行出狀元，仍是存在的，要不然大陸的「康師傅」，也不會來台灣銷售他的「速食麵」了。

——92·2·7青年日報發表

睜一眼，閉一眼

一、

幼年時，母親常教誨我說：「凡事睜一眼、閉一眼，能過得去，就可以了，不必太一板一眼，斤斤計較。」

所謂「睜一眼、閉一眼」就是兩眼只用了一「眼」，看得並不清楚，進一步來說，就是可以裝糊塗時，就不妨「裝糊塗」點，暗中放人一馬，溫馨、體諒，眞可說是樂在其中。俗諺說：「不痴、不聾，不做阿家翁。」

清乾隆年間，有鄭燮其人，號板橋，就以「難得糊塗」四個字做他的人生觀，身爲進士，擅長書法，被人稱爲「揚州八怪」之一。後人有拿他寫的「難得糊塗」四字，作爲終身的座右銘。

這使我想起《三國演義》關於把守華容道的關羽，遇上狼狽逃來的曹操，他本可將之擒住，爲劉備立下大功，但他念及當年他在曹操的軍營中，曾受過曹操的恩典，就「睜一眼、閉一眼」，放曹過關，關公並不因之受到軍令處斬，反因其義薄雲天，流芳千古。基本上，「人非聖賢，孰能無過」，過而能改，善莫大焉。

我想起民國廿五年，先總統　蔣公在西安蒙難，張學良當年若是狠心一點，殺了蔣公，中國的歷史很可能就將改寫，幸好關鍵時刻他心存善念，放了　蔣公一馬……，結果他活了百歲以上的高壽。

俗云：「眼不見爲淨，睜一眼、閉一眼之間，留下很大的空間。」此中學問大矣。

二、

好幾年前，我在電視上看到過一齣「宰相劉羅鍋」的電視連續劇，其中有一段情節，描寫乾隆微服私訪下江南，結果，沒想到惹上了一樁命案，被捉入江寧大牢。

知府劉墉、也是乾隆年間的進士，他得知關入大牢的犯人中，有一名是皇上，這可使他陷入兩難的困境。因爲審也不是，不審也不是，稍一不慎，可能會受到滅族的厄運。

劉羅鍋最後想出了一著「裝糊塗」的高招，因滿清時，尚未發明電燈，他在大牢裡只點上一根蠟燭審案，因爲光線不太明亮，人的顏面看不太清楚，既保留了天子的尊嚴，也盡到了地方官的職責，讓對方抓到一個台階下，彼此心知肚明，卻也心照不宣。

天下許多事，很難斷定是非、黑白，有些做法官的，顧此失彼，有時也免不了斷出了冤獄，讓人含冤死去。

三、

有些事，可以裝糊塗；唯有些事，除了糊塗，還要靠智慧。

聖經上記載一段所羅門王審判兩名婦女爭一子與訟的故事，值得我們參考。兩名婦女先後產下一子，甲婦半夜不小心壓死了自己的小孩，彼乙婦發現自己的孩子不見了，就與之興訟，所羅門王一時難以判斷熟是熟非，就故意說將這孩子拿刀來劈成兩半，一人一半。

其母親不忍自己的孩子被殺，就求所羅門王不要殺這小孩，願意成全對方，而甲婦卻忍心的要公平、殺了孩子一人一半。

所羅門王靠智慧斷案，保住了小孩的性命。

——92·6·7青年日報發表

細說「流行語」

爲了對「流行語」的深入探討，我翻查了不少中英文辭典和歷史古籍，並且多方請教年老的耆宿、學者，才找到了其中的根由、答案。

我研究「流行語」，發現一個時代，有一個時代的流行語。抗戰時代說的「流行語」，有些與現代人說的「流行語」不一樣。

例如抗戰時說「大頭」，是指「袁大頭」、「銀洋」，現代人說的「大頭」，是「冤大頭」、「凱子」。過去說：「條子」，是「金條」、「財物」，現在說：「條子」，是指「警察」，從前人說「馬子」，是便溺的用具，現代人說：「馬子」，是指女孩子。類似的例子很多，不勝枚舉。

「流行語」除了有時代性以外，還有區域性。

大陸上流行的，台灣人聽不懂，大陸人喜歡「倒爺」、「款爺」、「侃爺」，台灣人不明白是什麼意思？大陸上叫太太爲「愛人」，叫不合法的同居人叫「情人」，台灣人則叫「太太」、「內人」，香港人則叫「老婆」，年輕的太太，也是「老婆」，年青的先生，則叫「老公」。台灣人擺路邊攤，怕聽見叫「警察來了」，大陸則怕聽見叫「公安來了」，台灣喝的飲料叫「礦泉水」，大陸上叫「超純水」。台灣人叫「動腦筋」，大陸上則叫「換腦筋」，新一代的年輕人則叫「腦筋急轉彎」。過去大家叫「時髦」、「摩登」，現在則改叫「流行」、「新潮」。

我仔細分析「流行語」，可將之分成四大類：

第一類：是目前社會上般人口頭流行說的，一些報章雜誌流行用的新名詞，如「卡位」、「雙贏」、「拒吸二手煙」、「大小目」、「白手套」、「性騷擾」、「找麻煩」、「抹黑」、「人頭」、「放話」……等，這一類，過去很少人用，如今卻十分流行。

第二類：是一些已有相當年代的流行語，過去有人這樣說，如今仍有人在說，歷久而不衰，但這些流行語的出典、來歷，一般人都知之不詳。例如：「二百五」、「十三點」、「半吊子」、「狐狸精」、「活見鬼」、「吹牛皮」、「拍馬屁」、「敲竹槓」、「狗腿子」、「抬轎子」、「洒狗血」、「吃螺螄」等。有的流行了幾百年，也有流行好幾十年以上的。

第三類：是一些原有的名詞，現在流行一種新的不同的解釋，與原先的解釋不一樣，如「充電」、「放電」、「漂白」、「揷花」、「休息」、「乾洗」、「口試」、「吹喇叭」……等，如現代人說：「在哪裡休息？」並不是像過去人說的去「休息」，說「揷花」，也不是指女人的「揷花」。

第四類：原本是一些外來語，變成了中文，也有了新的含意，如最近的「酷」、「狗仔隊」、「波卡」、「接吻．打波兒」、「杯葛」、「牛肉秀」、「馬殺雞」、「星期五餐廳」、「午夜牛郎」、「DIY」、「LKK」、「SPP」……等，有些是音譯，也有些是意譯。

為了對這些「流行語」的深入探討，我翻查了不少中英文辭典、歷史古籍，以及中央圖書館的藏書，有時往往上窮碧落下黃泉，踏破鐵鞋還是尋不出原委，只好多方請教年老的耆宿、長者，以及各行各業的專家或年青朋友，在不恥多問，遍問的情況下，費盡功夫，才找到根由、答案。

深感「猜謎」是很苦的一件事，一個謎，猜不出來，睡不好覺，吃不下飯。不像出謎語的人那樣輕鬆。但猜謎人一旦找到答案，猜中了謎底，那份愉快、高興，也是出謎語的人享受不到的。

這十餘年的辛苦耕耘，如今出版了《細說流行語》、《金光黨抬轎子》、《流行語中的情趣》、《隨口溜有來頭》、《打破砂鍋問到底》、《有緣千緣來相會》六集單行本，總算稍有收獲，願與人同享。如今並未停止此一工作，有生之年，我將再繼續下去。

（於一九九八年三月「文訊」雜誌 149 期發表）

七、悼念知友

悼念一生摯愛平劇的費嘯天

在平劇圈，費嘯天是知名度極高的老前輩，長年的蒐集、研究，菊壇名伶的掌故軼聞，他知道得比誰都多。

與平劇締結不解之緣

費嘯天，本名費雲文，在文壇上，可說是一員老將。在平劇圈，凡是喜歡哼唱兩句皮簧的朋友，大概都認識他。

他畢業於陸軍官校、參謀大學，服務於國防部情報局，卻一生與平劇締下不解之緣。距今卅八年以前，民國四十六年間，他就編寫出版了「鄭成功」、「李貞娘」、「碧血丹心」、「華盛園」、「祖逖」等平劇劇本，曾獲中華文藝獎四次，國軍新文藝「銀像獎」。

在警察廣播電台主持「國劇欣賞」節目，前後凡十餘年，菊壇名伶的掌故軼聞，他知道得比誰都多。民國七十五年左右，他自情報局退休後，曾在復興劇校擔任教職，講授：「中華戲劇史」的課程。事後，並將講義整理後，由復興劇校出版了上、下兩册的單行本，因資料豐富，內容翔實，且以較淺近的語體文撰述，一般高中以上學生，均可誦讀閱覽，對於平劇之教學推廣，貢獻極大。他因我也喜愛戲劇，特惠贈我一套，以供參閱。

提起我和他相識，是自民國五十八年開始，因他除了平劇以外，還出版過：「壯志風雲」、「生命的光輝」、「黑水忠魂」、「龍騰虎躍」等廣播劇本，當時，中視公司請我籌備製作一檔，在抗戰期間諜報人員冒險工作的電視連續劇，因他具有實地從事情報工作的經驗，乃邀請他參與編劇小組，開始寫電視劇。

那時，他仍在國防部情報局工作，不便過份在螢光幕上曝光，多半採用不同的筆名，故外界知之者不多。

愛上旅遊

民國六十九年，他參加了中華民國編劇學會，先爲會員，後當選監事，每次開會，他都出席，因我與他同是江蘇人，交往較前更爲密切，那時他已退休，專門爲「中外雜誌」撰寫一些戴雨農生前的軼事奇聞，大都是一些當年他的親身經歷，因係第一手資料，頗受讀者歡迎，那一陣子，他接連出版了「中美合作所誌」、「戴笠的一生」等書，也都惠贈給我，作他的讀者。

民國七十九年，中國舞台劇學會理事長張英先生，組成了一個團體，去大陸北京從事戲

費嘯天（中）於八十二年八月出席中加作家會議。

劇交流，費嘯天、我、高前、李影……等都去了，遊覽了故宮、紫禁城、萬里長城，大家都玩得十分高興。歸途中，他告訴我，他蒐購了不少梅蘭芳、程硯秋……等名伶的錄音帶，可以在他主持的「國劇欣賞」節目中讓菊迷們大飽耳福了。

八十二年八月，我組織了一個「作家訪問團」，赴加拿大愛德蒙頓城的亞伯達大學，出席「中加作家會議」，他也毅然報名參加了，並帶了他的著作，贈送給亞伯達大學圖書館，作學術交流。

在訪問團中，他是唯一具有平劇寫作專長的作家，透過華語的翻譯，加國作家和他談得興致盎然，十分愉快。

這以後，他又參加了澳洲、歐洲、非洲……等地的旅遊活動，幾乎席不暇暖、馬不停蹄。他告訴我說，多半是參加旅行社旅遊，也多半是團中最年長者，他說只要多付一些小費給隨團出發的導遊，他就會被照顧得好好的，行李也不用自己搬，很方便的。

魂歸地球的最北端

最後，他遨遊到了北歐的挪威，也是一人前往，他的夫人早幾年已過世，子女又都已長大，有工作在身，無法陪他同遊。他雖已七十八歲，身體仍十份健朗，想不到因挪威已屬寒帶地區，氣候十分寒冷，加上遊途勞頓，遊覽車在風雪中疾駛三個多小時，在某一風景區歇息時，他逛街打算購買水晶紀念物品時，突然心臟病發作，一時臉色驟變，昏倒於地，經送醫急救無效，就離開了這一世界。

他的少爺接獲電報，趕赴當地料理後事，始知該地爲挪威之北角，係地圖上最北的一個頂點，在此魂歸天國，亦他人求之不得也。

他的骨灰於八月間始運返國門，八月十四日，其子特在台北善導寺爲之誦經超度公祭，我特前往弔唁，想起費老生前的諸多往事，不免悵然，但願他在天國依舊逍遙，樂此不倦。

（一九九五年十月發表於「文訊」120期）

追悼劇作家陳文泉

無論是編劇、導演、或是教學，數十年的歲月裡，陳文泉盡皆奉獻給戲劇。

他悄悄離開了這個世界

時光倒退到四十年前，民國四十一、二年間，是劇作家陳文泉先生最風光的黃金時期，想不到隔了四十多年，當年紅過半片天的電影、戲劇界的名編導文泉，悄悄離開了這個世界，報紙上連個簡訊都沒有看到，能不使人感嘆不已。

他是八十四年八月四日，在家中去世的，一些好友，到九月下旬，才得知一噩耗，如今他已被火化，安置在台北近效的一個靈骨塔裡。

佳評如潮的名導演

民國四十一年最早來台的「農教電影公司」改組後，開拍了三部電影，其中有一部名叫「美麗島」，由吳驚鴻、唐菁、藍天虹、李冠章等人主演，就由文泉擔任編導。

當年最紅的影星。

接著，他又擔任了另一部電影「烽火麗人」的編劇，吳驚鴻、田琛、唐菁等主演，俱是

四十二年，民營的「中國文化公司」租用「農教」片廠，拍攝了「千金丈夫」與「聖女媽祖傳」，皆由大陸最紅的女星周曼華主演，記得當年張小燕還是個不紅的童星，她在「聖女媽祖傳」影片中飾演媽祖的童年，這兩部電影，皆是文泉編導。

四十四年，他依據名作家陳紀瀅先生原著小說改編的舞台劇「音容劫」演出後，更是聲名大噪，這部引人熱淚盈眶的話劇，是一十足的反共劇，描寫一位慈母，盼望兒子自大陸來台，眼睛瞎了，但是她仍能辨別兒子的聲音與用手觸摸辨別兒子的容貌，她的兩個女兒，為了安慰老母一再請他人來冒充其子，但均被識破，此劇的情節淒婉哀切，觀衆無不為之感動流淚，此劇曾一演再演，成為文泉畢生的代表作。

這以後，他又一連編寫了不少舞台劇，如「還鄉記」、「寸草春暉」、「勾踐與西施」、「飢農」、「蠱諜」、「秧歌文壇」、「鸞鳳齊飛」、「不是冤家不聚頭」以及歌劇：「小鳳仙」、「秋瑾」、「漁女之戀」等，都獲得相當的好評。

他的一生都奉獻給了戲劇

民國五十一年十月，台灣電視公司開播，他轉向電視這一新開闢的園地發展，與另一劇

民國五十六年，陳文泉（左二）同獲第八屆「文藝獎章」與作者（左五）陳獲「電視話劇導演獎」，我獲電視編劇獎。

作家金馬先生合作，製作了一個「溫暖人間」的戲劇節目，歷時三年，他不但製作、導演，還編劇，他分別以「孝、悌、忠、信、禮、義、廉、恥、仁、恕、慈、淑、讓、償、群、捐」等十六種德目爲題材，編成一系列的劇本，不但演出，還結集成書出版，眞正以戲劇，發揚了中華文化與固有的倫理道德。

我與他相識，也就在這一段時間，當時，我在台灣電視公司擔任編審的工作，常與之接觸。他將已出版的一些電影劇本送給我，鼓勵我寫電影劇本，因著志趣相投，我倆成了好友。

他長我七歲，民國十年生，是安徽懷寧縣人，從小在上海長大，繼而在揚州中學讀書，中日抗戰爆發，上海棄守，民國廿九年

「國立戲劇專校」在金華招生，他以同等學歷應試，獲錄取爲該校第六屆學生，畢業後以成績優異，進入「上海中央電影公司」任編導。卅八年來台，先在國防部康樂總隊出任戲劇科長、「農教電影公司」導演，後轉入「台灣省電影製片廠」任編導，公餘在政工幹校影劇系任教六年，在世新電影科任教十三年，迄七十四年在台製廠退休，他的一生，都奉獻給了戲劇。記得退休的時候，他還把全部的退休金，投資去拍攝電影，自任編劇、導演，孰知此時電影已開始不景氣，他拍的片子，收不回成本，成了血本無歸，已不再像當年那樣的風光。

我們一起得過幾次獎

我與文泉相交，似乎有緣，我倆曾好幾次一起獲獎。

第一次獲獎，是民國五十六年五四文藝節，我倆同時獲得中國文藝協會頒發的第八屆「文藝獎章」，他得的是「電視話劇導演獎」，我得的是「電視劇編劇獎」，此外，這一屆張小燕得的是「話劇表演獎」、趙琦彬得的是「話劇編劇獎」，還有席德進得的是「西畫獎」、張曾澤得「電影導演獎」，一共十三人獲獎，由孫科院長頒獎，記者會時合影留念，如今事隔廿八年，有些人已仙逝，這幀照片成了珍貴的歷史鏡頭。

第二次共同得獎，是應徵菲律賓僑領吳伯康舉辦的「伯康獨幕劇獎」，我編寫的「父與子」，文泉編寫的「弄假成眞」，均獲入選，頒獎時，文泉因事忙不克分身，由他太太代爲領獎。亦爲民國五十六年。

第三次是民國七十二年，我與文泉同時參加文建會舉辦的「優良舞台劇本甄選」，結果，我寫的「金色的陽光」得了第一名，文泉寫的「百善舍」，得了第四名，和「伯康戲劇獎」一樣，我的劇本和他的劇本都出了單行本。

埋首三年完成導演巨著

也就在民國七十二年，我用在輔大、世新、藝專等校上課的教材，編著了一本「戲劇編寫概要」。由國立編譯館審定爲部編「大學用書」，出版後頗爲大專學生喜愛。我將這事告訴了文泉，並鼓勵他不妨也編寫一本有關「導演」方面的書，俾薪傳給後學者，我說若由國立編譯館審查合格，還可有不少的稿費可領，他果然下了狠心，埋首案頭三年，終於七十五年完成了一部煌煌卅餘萬言的「導演技術基礎」巨著，將畢生研究戲劇導演的心得，都寫入書中，同樣獲得國立編譯館審查合格，由「合記圖書出版社」於七十六年印行，成爲他晚年最後的一部力作。

奮鬥一生，榜上無名

文泉一生，有不少作品，也得過不少獎，但是很奇怪，文建會於七十三年編印出版的「中華民國作家作品目錄」（上、下兩册）上，他榜上無名，到了民國八十四年，文建會又重新編印了「中華民國作家作品目錄」，已增厚爲四巨册，文泉依然榜上無名，似乎他在文壇是位「無名小卒」。

幸好文建會出版的「中華民國電影史」（上、下兩册）、以及「中國話劇史」上，都列有他的名字和成就，否則，他奮鬥了一生，似乎有點冤枉。

民國八十二年時，他不幸中了風，坐在輪椅上，不能再出外活動，否則，一些吃喜酒場合，文友聚會或編劇學會開會時，都會看見他。他中風後，我曾去醫院和他在土城的家中，拜訪過他，雖已七十出頭，行動不便，精神還不錯，但在多次進出醫院後，末了終於在家中去世，悄悄地不通知任何親友一聲，走了。

他寫的「音容劫」，距今已整整四十年，在我的心目中，他生前的音容宛在，久久難以忘懷。

（一九九五年十一月「文訊」121 期發表）

追念鄧綏甯教授

從早期的戲劇創作到從事教育工作，鄧綏寧可以說畢生都奉獻給戲劇教育，並且培育出許多人才。

今年的春節，陰雨淒迷，奉寒料峭，打斷了不少人出門賀節的心情。二月廿六日，忽從電話中傳來，顧乃春教授告知鄧老離去的噩耗，回憶歷歷往事，不禁滄然欲泣。

畢生奉獻戲劇教育

鄧綏甯教授，畢生從事戲劇教育，桃李滿天下，記得去年，我去國立台灣藝術學院看戲時，他還親切的與我們交談，一些年輕的學生，都尊敬的稱他為「太老師」，想不到，如今，卻已飄然遠去，在他人生的旅途上，劃上了句點。

民國三年一月廿四日，鄧老誕生於東北遼寧省的綏中縣。鄧家為當地望族，其父經商有成，在錦州開設糧棧。他自幼聰穎知禮，在中學讀書時，即在瀋陽盛京時報發表新詩、散文和小說，「九一八」事變後，他正讀高二，已被報社聘為副刊主編，同學咸以「詩人」稱之，名噪一時，高中畢業時，因作品充滿抗日思想，爲當時日軍下令逮捕，幸機警及時逃入關內，始免於難。

他原名鄧士銘，爲避人耳目，乃更名爲「綏甯」，係採用籍貫中的「遼寧省，綏中縣」中的兩字組成，意在不忘故鄉也。

這時，他開始創作第一個舞台劇本：「頭號病室」，描寫手足生死之情，十分感人，以後，他進入齊魯大學中文系深造，對「中國戲劇」課程精心研讀外，並進而研究西洋戲劇，如莎士比亞、蕭伯納、易卜生等人作品，無不涉獵，在南京中央日報的「戲劇週刊」，經常撰稿，同時在校內創辦「齊魯劇社」，先後演出「梅羅香」、「委曲求全」等舞台劇。

抗戰期間，他就開始從事教育工作，在中央文化運動委員會服務，勝利後，在東北教育部瀋陽師資訓練所擔任主任，另在長白師範學院執教。

卅八年來台後，任教育部特約編審，復於政工幹校、政治大學教授「戲劇」課程，民國四十七年出任國立藝專影劇科主任。民國五十二年後先後赴日、韓、英等國考察「戲劇教育」，五十六年以「紅衛兵」舞台劇，獲教育部「文藝獎」。迄民國八十四年，他在「國立藝專」（後改制爲「國立台灣藝術學院」）教授「戲劇」課程，並擔任訓導主任、教授、主任等職，一直未離開工作崗位，可說爲「戲劇教育」，幹了一輩子。

待人親切，無微不至

我與鄧老認識，是在民國五十一年十月「台視」公司開播以後的事，那時電視劇初創時期，鄧老領導的藝專學生，曾在台視製作「國語電視劇」，每月一次。在認識他以前我就拜讀過他的著作「西洋戲劇簡史」、「中國戲劇史」等書，仰慕已久，五十三年，我出版了第一本電視劇選集：「六六五四號啞吧」，就專誠送給他，請他指教。

五十八年中視開播，我轉入「中視」工作，我專誠邀請鄧教授給中視的戲劇節目寫了不少電視劇本，單元劇方面，有「文解元」、「風箏緣」、「紅樓夢」（上、下集）等，連續劇方面，有「神龍」、「諜海英豪」等劇。製作策劃「長白山上」一劇時，因他是東北人，也曾向他請教過不少東北人生活起居的風俗習慣，獲益甚多。

鄧綏甯將畢生心力都奉獻在戲劇教育上

民國五十九年，我在國立藝專廣電科日間部兼任「廣播電視寫作」的課程，鄧老順水推舟，堅邀我在該校影劇科夜間部再兼一堂「電影編劇」的課程，如今在電視、廣播界頗具知名度的洪理夫（我愛紅娘製作人）、夏林（警察電台主持人）都是我教過的學生。爲了日間部下課後，再接著上夜間部的課，吃晚飯的時間，頗爲匆促，鄧老特要我下課後，即去他住的學校宿舍家中進餐，他與夫人親切的招待，眞是無微不至，如今雖已隔了廿多年，猶恍如就在眼前一樣。

民國六十八年，我進入輔大任教後，始未再與鄧老時常見面。但因他是國內知名的編劇家，又是中華民國編劇學會的常務監事，而我是編劇學會的秘書長，爲了開理監事會議，我們還是經常碰頭，他喜歡喝酒，餐敍時，談笑風生，逸興遄飛，令我印象十分深刻。

一生戲劇作品豐富

鄧老的作品，舞台劇方面：有「徵婚」、「日月光華」、「新瞎子逛街」、「黃山時代」、「疾風勁草」、「亂世忠貞」、「紅衛兵」、「書香門弟」……等均已出版；戲劇理論方面，計有：「中國戲劇史」、「西洋戲劇思想」、「廿世紀之戲劇」、「中國的戲劇」、「編劇方法論」等書，大部份由正中書局出版。他早年因受比較文學論著之影響，對於西洋戲劇理論與作品，有廣泛而深入的研究，其所編寫的「編劇方法論」，引述佐證的，也都是一些西洋的經典名著。晚期則偏重「中國戲曲」及「俗文學」的研究，對於大陸作家老舍的作品，以及曹雪芹寫的「紅樓夢」小說，尤有精闢的剖析。

民國六十年時，「中視」曾計劃將「紅樓夢」搬上螢光幕，我曾請鄧老寫了一份「六十集」的分集大綱，並參與編劇。惜是項計畫，後因故擱淺，鄧老雖已寫成了六本劇本，亦未能演出，如今，追思起來，也是我心中的一件憾事。

鄧老逝矣，願他安息吧，我相信，受他薰陶的學生，也都做了教授，定會繼其遺志，繼續爲中國的戲劇教育而努力。

（一九九六年四月「文訊」雜誌 126 期發表）

悼念英年早逝的兩位戲劇工作者

丁洪哲與孟振中

兩位戲劇工作者，透過劇本的編寫和教學，都將畢生的心力，全部奉獻給戲劇。

一

八十五年一月間，把一生貢獻給戲劇教育的鄧綏甯教授走了。今年四月，爲戲劇理論留下不少著作的姚一葦大師，也離開了人間。愛好戲劇的朋友，都爲之哀慟不已，報紙都有新聞發佈，也刊登了一些悼念的文字。

鄧教授去世時，已八十二歲。姚教授去世時，已七十六歲。人生自古誰無死，他倆可說都是老成凋謝。

今年三、四月間，先後兩位比他倆年輕的戲劇工作者，一生也都獻身戲劇工作廿八年以上，倏然皆因癌症而離開了塵世，卻默默無聞，無半點消息報導。這裡，我想爲這兩位英年早逝的好友，作一番追悼與思念。也許，有些人，還不知道呢！

丁洪哲，瀋陽市人，淡江大學的副教授，他只活了五十八歲。

孟振中，河北深縣人，國立台灣藝術學院講師，他只活了五十二歲。

二

民國六十四年，戲劇先師李曼瑰教授病逝，她生前擔任的「話劇演出欣賞委員會」主任委員及「中國戲劇藝術中心」主任兩項職務，由熱愛戲劇的菲律賓僑領蘇子先生接任後，曾舉行了一項盛大的就職典禮。我也就在那一年與丁洪哲先生相識，得知他畢業於淡江大學後，即在該校任教，民國六十一年即獲中國文藝協會頒發「話劇導演」文藝獎章，同時，也編寫劇本創作首獎，及教育部頒發舞台劇導演「金鼎獎」，六十四年參加全國高等考試「戲劇行政人員」及格，是一位極有潛力的青年戲劇工作者。

他不但能編、能導，而且還埋首研究，著作有：《元雜劇趙氏孤兒研究》、《陶潛詩文用韻研究》、《舞台導演的藝術》、《史丹尼表演體系精華》、《論歷史劇的人物塑造》、《劇場生活》、《影視教育製作手册》、《戲劇寫作》等多種，多半在七十三年至八十年內

丁洪哲先生

完成，由淡江大學出版中心出版。劇本方面，有《血渡》、《龍宮傳奇》、《瘸閻王》、《獨幕短劇選集》、《獨幕戲劇選粹》等多種，其中《血渡》、《龍宮傳奇》兩劇演出時，我均曾觀賞過。

他一直在淡江大學執教，並領導該校的話劇社團，參加大專院校的話劇比賽，成績斐然。同時，還在政戰學校影劇系、世界新專電影科兼課，桃李滿天下。

他也是中國舞台劇協會的會員，民國八十三年九月十九日，中秋節前夕，在理事長張英先生的率領下，他與我還有貢敏、曾西霸、王士弘、王淑華、王大華、江家鶯等人，遠赴大陸上海，參加了「上海戲劇學院」爲紀念莎士比亞誕生四百卅週年的「莎士比亞戲劇節」，在停留上海十天期間，接連觀賞了九齣不同語言演出的莎劇，當時，他談笑風生，猶在眼前，想不到不到三年後，竟然與大家成了永訣。

三

孟振中，比丁洪哲年輕了六歲，記得他與我認識，比我認識洪哲還早，約在卅年刖，那時他廿餘歲，還是政戰學校影劇系的學生，因喜歡寫劇本，曾向我請教如何編寫電影劇本，要我將得獎的電影劇本《大海戰》借給他看。後來，他創作了廣播劇本《希望》、電視劇本《心聲》、舞台劇本《流毒》，都先後獲得國軍新文藝的劇本獎，只是電影劇本，未曾得過獎。

除了寫劇本以外，他有一項專長，是我所不及的，那就是他擅長「舞台設計」，爲了能更上一層樓，他發憤用功，啃英文，終於達成出國留學的願望，在美國紐約市立大學布魯克林戲劇研究所，獲得劇場藝術碩士的學位，多年不見他的蹤影，突然，有一天我去國立藝術館看戲，遇見他時，他已是教育部舉辦大專院校話劇比賽的評審，與王生善教授、賈亦棣教授同坐在評審席上，我眞爲他的成就高興。

孟振中先生

這以後，他又應聘至國立藝術專科學校影劇科任教席，傳授「舞台設計」、「燈光設計」……等課程。

廿七年多來，台北一些戲劇演出的「舞台設計」，除了聶光炎之外，幾乎都是他包了，因爲他不太計較酬勞之高低，只是願意爲舞台演出貢獻他的心力。

在戲劇比賽中，他得過舞台設計獎，也得過教育部頒發的「多媒體教學幻燈片」製作獎。

在藝專帶領學生演出戲劇時，他常說的一句話是：「成功與失敗，自古常存，唯有努力，終有可成之時。」學生們耳熟能詳，八十四年該校演出「血婚」一劇，他特別告訴學生，說這是發生在西班牙的故事，在舞台設計方面，不求寫實，而以寫意、象徵的手法來展現，加上燈光的配合，同樣可以營造不同的氣氛，給同學帶來不少新的啓示。

去年，中國文藝協會五四文藝節頒給了他一座「舞台設計」文藝獎章，我還特地在他領獎後，向他道賀一番，想不到今年五四文藝節，他已到了另一個世界！

唉，難道眞是「天妒英才」，還是天上要演戲，缺少一位優秀的舞台設計呢！

（一九九七年七月「文訊」雜誌141期發表）

悼念鍾雷兄

回顧三十餘年的交往，我與鍾雷，可說是亦師亦友，而他深厚的國學造詣，更是我所望塵莫及的。

一

鍾雷先生，繼鄧綏甯、姚一葦之後，也悄悄地走了，戲劇界又痛失一位大師，能不使人感到哀慟。

猶憶今年春節過後，「中華民國編劇學會」在福華飯店舉行理監事聯席會議，改選理事長，他還投入了我一票：三月間，他寄贈了一本他最新出版的詩集《拾夢草》給我，封面上印的是他高唱抗戰歌曲的激昂神態，沒有半點病容。五四文藝節前，文協召開理監事會議，我們因同爲該會理事，一起討論今年「文藝獎章」的得獎人選，他還侃侃發言，文藝節當天，我們還一起在環亞大飯店聚餐，……想不到，到了六月廿一日的深夜，……他的生命列車已抵達了「終站」。

人生眞如同戲一樣。

時光倒回到民國四十年，我還在軍中，就在《新生報》的副刊上拜讀他發表的舞台劇本：〈尾巴的悲哀〉。那時代，副刊還連載舞台劇本，如今早已絕響了！記得發表後不久，這齣戲就有劇團排演演出，因爲這是一齣反共的劇本，那年頭不易找到反共劇本。

民國四十一年，我考入政工幹校就讀，有一天，偶然聽到中廣公司播出廣播劇，那中廣公司在台播出有史以來的第一齣廣播劇，後來才知道，這也是鍾雷兄的大作。

民國四十五年至四十七年，張小燕在亞洲展接連榮獲三屆最佳「童星獎」，這三部電影：「碧海同舟」、「歸來」、「苦女尋親記」，都出自鍾雷兄的手筆，五十年代，台灣只有一個「中央電影公司」拍片，而且每年只拍一部電影，記得參加「亞洲影展」，只有得「童星獎」的希望，最後一部「苦女尋親記」，是專爲張小燕量身編寫的劇本，……這些都已是四十年前的往事了。

二

我與鍾雷兄相識相交，是在民國五十六年開始的，那時，他是中國文藝協會的常務理事，是戲劇界的「龍頭」，而我只是一名小兵，五十一年台灣電視公司開播，我與魯稚子同時考入台視公司擔任編審工作，那時我已寫了不少廣播劇，後來因在電視公司工作，也開始摸索編寫電視劇，民國五十三年，我出版了第一本「電視劇選集」——《六六五四號啞吧》，至五十六年，我已有三部電視劇本，被電影公司看中，搬上銀幕，其中有一部「碧海青天夜夜心」，被當年拍片最多的香港邵氏電影公司拍成影片，也就在這一年，我因而獲得「中國文藝協會」頒我最佳電視劇編劇的「文藝獎章」，這一年，我出版了第三本電視劇選集：《金玉滿堂》，我邀請鍾雷先生賜我一序文，他慨然應允，對我期勉有加，使我備感光榮。

民國五十九年，一些愛好編劇的朋友，在李曼瑰立法委員的號召下成立「中華民國編劇學會」，這一文藝團體第一屆由鍾雷、李曼瑰、鄧綏甯、吳若、丁衣、朱白水、張永祥、趙之誠、趙琦彬等人當選理事，我則是該會的會員，如今，事隔多年有些理事均已先後仙逝了。

五十八年中視開播，我由台視轉入中視服務，六十四年我策劃一歷史連續劇，邀請鍾雷兄擔任編劇之一，接觸較多，這一段時日，他已編寫了不少叱咤一時的電視連續劇，如「一代暴君」、「一代紅顏」、「戰國風雲」，均造成收視率高潮。

為了製作「香妃」連續劇，勾引起我對此一歷史人物生死之謎考證的興趣，歷時十餘年，鍾雷兄特為我的《香妃考證研究》續集，撰寫序文，對我的研究精神表示讚揚。

民國六十八年，我又為三台聯播的「大時代的故事」負責製作，其中有一部份劇本，邀請鍾雷兄執筆，我也因此一節目，獲中央黨部頒我一枚「華夏二等獎章」。

七十九年十二月，中韓作家會議在韓國漢城召開，台灣前去出席的作家近廿人，由鍾雷兄出任團長，他的夫人白蒂華女士同行，我與內子柯玉雪，也參加此一會議，會中我與鍾雷夫婦、林明德教授及內子還合影留念，是我與鍾雷兄難忘的一次文藝之旅。

歸來後，我因編寫「李商隱之戀」的舞台劇本，頻頻向他請教，原來他這位既寫劇本，又擅長寫古詩及現代詩的中國新詩學會理事長，對詩人李商隱的生前事蹟，也深入研究過，讓我獲益良多，他滿肚子的國學知識，是我望塵莫及的。

三

回顧這卅餘年的交往，鍾雷兄與我，可說是亦師亦友，他的太太喜愛穿綠色的服裝，鞋子、皮包也都是綠色的，韓國之旅結束後，翟大嫂常與我電話聯繫，也曾與鍾大哥聯袂來舍間小敘聊天，親切如同家人，前兩年，鍾雷兄因心臟病住院，出院後，翟大嫂更是鍾雷兄的「護理長」，用餐時，什麼菜可以吃，什麼菜不可以吃，嚴格控制，結褵五十餘年，鶼鰈情深的情景，眞是令人羨慕。

如今，鍾雷兄走了，我眞不知如何去安慰這位傷心的大嫂，謹以此文，聊表我的悼念之意！

鍾雷兄，你一生的成就，是寫不盡的，祝你平靜的安息吧！

（一九九八年八月「文訊」雜誌第 154 期發表）

懷念方曙兄

人與人相識相交，靠一個「緣」字。

遠在民國四十年那時候，我才廿三歲，編寫了幾個舞台劇本，對於編寫反共舞台劇的人與劇本都十分注意。那一年，方曙兄編寫的〈樊籠〉、〈收拾舊山河〉舞台劇本，獲得張道藩先生主持的「中華文藝獎金委員會」青睞而得獎，出版單行本，我就已聞及了他的大名。及後在民國四十五、六年間，方曙兄編寫的電影劇本〈梅崗春回〉、〈歧路〉、〈錦繡前程〉、〈關山行〉、〈夜盡天明〉，由中央電影公司拍攝，我也曾嚮往的觀賞過，那年頭，台灣的電影，一年只由中影公司拍攝一部，很少映外片，電視還沒有半點影子。

一直到民國六十三年，中視開播後，有了連續劇，中視繼〈情旅〉、〈長白山上〉以後，播出的〈戰國風雲〉、〈一代暴君〉受到轟動，我才有機會與方曙兄接觸認識。

我才知道方曙是他的筆名，他本名是王靜芝，還是國大代表，又是輔仁大學中文系的系主任，他大我一輪，也屬龍，我都叫他王教授，後來熟了，才叫他方曙兄。

民國六十四年中視節目部主任王世正，希望我製作〈香妃〉連續劇，這是有邊疆色彩的戲劇，我特別邀請方曙兄與鍾雷、賈亦棣、朱順官四人幫忙編劇，由我製作，編寫過程中，有些本子弱了些，我都請方曙兄重新改寫，稿費仍由他人領去，他毫無怨言。

以後，我又負責製作社教節目：〈青天白日〉、〈大時代的故事〉，也都是方曙兄與鍾雷，幫我的忙編寫劇本。

那時候，公餘之暇，我都在「國立藝專」、「世界新專」等校擔任戲劇方面的課程，方曙兄時任輔大中文系主任，當時中視總經理董彭年先生兼任輔大大傳系主任，請我去輔大大傳系兼課，方曙兄也就請我在中文系兼「戲劇寫作」的課程。

料想不到，我由大傳系後來轉到中文系執教，轉瞬之間已廿餘寒暑矣。

方曙兄早已卸下中文系主任的職銜，但後繼的包根弟、黃湘陽、王金陵等主任，仍續聘我執教，好像我跟「輔大」，也結上了不可解之緣。

方曙兄是名書法家，我出版的《戲劇評論探討》、《掀開歷史之謎》兩本書，我請他為書名題字，他都欣然同意，如今，卻成了我懷念他最珍貴的紀念品了！

——91·12·13青年日報發表

追憶尼洛

一、

馳名文壇的小說家尼洛，是筆名，他本名是李明。

四十九年以前，我和他同在北投的復興崗，接受政工訓諫，我倆是政工幹校第一期的同期同學。

那時候，我們都很年輕，因愛好文藝，同時參加了校方爲學生「課外活動」所成立的「文藝研究會」，因每週定期聚會接觸而熟稔。

當時，校方有一「校刊」，因我係新聞組學生、爲校刊的總編輯，經常向一些常在報紙副刊發表作品的同學拉稿，而尼洛就是我約稿的主要對象之一。

那時，他喜歡寫詩，也寫小說，記得民國四十二年，我們快畢業時，校方爲「文藝研究會」的同學，編印了一本「軍中文藝創作專集」，其中，尼洛、我，還有張放、洛夫、翟牧、楊海宴等，都有作品，蒐羅在內。

尼洛是江蘇東海人，與我是同鄉，但性格上他似乎比較偏向北方人那種耿直、豪放、說話直來直去，不怕得罪人，他曾經寫過一首小詩，來形容自己。

「禿的筆，醮著血，耕耘的心，硬骨頭，撐起軀殼，也撐起創痛，加上一份驕傲，完成自畫像的底稿。」

尼洛，就是這樣的一個人，以這首詩來介紹他，眞是再貼切不過。

二、

政工幹校畢業後，我們被分發到軍中不同的工作崗位，就很少見面了。但彼此仍忘不了寫作，常在不同的報章雜誌上，看到他的作品。

民國四十八年，「文壇社」出版了他的第一本小說：「咆哮荒塚」，四十九年，中央日報以高酬徵求長篇反共的小說，尼洛以「近鄉情怯」獨占鰲頭，勇奪第一名。

他將唐朝詩人李頻的詩句：「嶺外音書絕，經冬復歷春，近鄉情更怯，不敢問來人」，作了新的詮釋。

五十三年，他又動手將這篇小說，改編成多幕舞台劇本，在國軍第一屆新文藝金像獎徵文比賽中，榮獲了多幕劇「金像獎」的至高榮譽，從此，文壇上，大家都對他刮目相看。

「近鄉情怯」寫的是大陸上「三面紅旗」、「大躍進」時期，三個下放到農村青年的悲慘遭遇，眞是「反共文學」的紮實作品。過了十多年，仍有出版社予以再版問世。五十七年，他又獲得了「中山文藝獎」。

那時期，他在心戰總隊工作，以後，又榮調總政戰部政二處任副處長，是當時總政戰部主任王昇上將手下的得力幹部。

民國六十年，華視開播，他被調任爲華視節目部主任，而我在當時，是在中視任節目製作人，因爲是同行，電視界有時爲了節目聯繫、開會，常相見面，當時國，內初有三家電視台，彼此競爭得非常劇烈；尼洛不認輸的性格，加上不眠不休的投入工作，減少了他寫作的時間，一度停止了文藝創作。

沒多久，他竟然辭職、離開了「電視圈」，重新提筆完成了長篇小說：「山茶與露」，在報上連載刊出，不久亦出版了單行本。

這以後，他又擔任了「文藝月刊」的發行人，中央廣播電台的副主任。

他太太王嫩娟，與影星王豪，有親戚關係，有一年，約請了一些老友，請我們吃飯、大家才知道，他們夫婦鶼鰈情深，十分恩愛，結褵後來未吵過架。

三、

在文藝圈中，尼洛與司馬中原、姜穆……等較爲熱絡，常常喝酒、聊天，把心中所想的、積壓的塊壘，一吐爲快，酒至微醺，三五知己，縱論天下，亦人生一樂也。

前兩年，他奉王化公師點名，要他爲之完成一傳記體著述，因恐記述有誤，他將初稿完成後，再送化公過目修正，一段段的往事，長篇累牘，字斟句酌，前後花了近兩年的時間，尼洛爲報恩師知遇之恩，終於完成了這部劃時代的著作，當書名「王昇——險夷原不滯胸中」出版後，讀者無不稱讚，這部廿多萬字的巨著，雖耗盡了尼洛的心血，但也必然傳之後世，歷久爲人所傳誦。

尼洛只長我兩歲，想不到他會突然去世，因爲，有一次文藝性集會中，我曾與之比鄰而坐，他臉上沒半點病容，談笑風生，依然豪爽猶如當年，那知沒過幾天，傳來噩耗，眞叫人興嘆，感慨不已，人生如戲。

尼洛走了……能不使人懷念、哀傷！他的「硬骨頭」，怎麼不撐著他，活過公元二〇〇〇千禧年呢！

思念孟元

孟元是一個大家公認的優秀電視演員。

雖然，他已離開我們五年多了，但是我相信，他永遠活在電視觀眾的心目中。

民國五十八年，我在中視公司上班，他就做了中視的基本演員，第一齣連續劇——晶晶，他就有參加演出。那時候，我在負責連續劇的策畫與製作，就時常與他有所接觸。他是山東人，有山東人那種豪爽、耿介的氣質，三十多年來，他在電視上演出的角色，都是正直、可愛，樂於與人親近的人物，好像，他從未飾演過反派、陰險、狡猾的歹徒，因爲從他的臉型，上一眼就讓人看出他是個好人，值得使人信賴的人，不會是使奸詐欺侮他人的壞蛋，因他是個十足的正人君子，所以這樣的角色非他來演不可。

他是個虔誠的基督教徒，從小在基督教的家庭中長大，除了演戲，私底下他樂於幫助別人，有人知道他單身，沒有家累，又不喝酒、賭錢，存了不少積蓄，凡有急難的時候，向他借錢來週轉一下，他從不拒絕；有些人，借了錢不還，他也不向他追討。在演藝圈，受過他恩惠的人實在不少。

過年過節，他按區公所的中級貧戶名單，挨家挨戶親自去雪中送炭，並且低調處理，不准記者加以報導，他奉行：「爲善不欲人知」……是普通人不易做到的。

民國六十八年，他在中視演出單元劇「最後的馨香」劇，榮獲金鐘獎最佳男主角影帝獎，那眞是他一生中最風光的時刻。

他確是演了一輩子的戲，唯一遺憾的是始終未娶，原因是他在大陸有一相知的女友，未能和他一起來台，他就信守誓言，一直過著寂寞的日子，其間也有熱心人士給他介紹女友，結果均未能結成良緣。

進入七十歲時，他先是罹患了糖尿病，後來染上了巴金森氏症—老人癡呆症，已無法再背台詞，於民國八十六年四月十日，病逝於三軍總醫院。

可能電視台重播過去他演過的連續劇，中老年的電視迷會在螢光幕上，再度看到他的音容、面貌。他只活了七十二歲，就在電視上消失了蹤影。

聽一些老友談起他一生的事蹟，如今像他這樣優異的演員，可能再也找不到繼起者了。

——91·8·18青年日報發表

悼念老友良騏

一、

我倆相識於民國卅八年，那時，我們都在陸軍八十軍，接受軍中辦的政幹班訓練，結業的時候，爲了晚會要演出一齣戲壓軸，他就鼓勵我來編劇，他來演出，那一年，我只有廿一歲，果眞讓我利用兩個晚上的時間，完成了一個獨幕劇，劇名叫「復活」，劇中有一女角，當時沒有女同志受訓，就由他來反串，我自己也在劇中演了一角，從此開始了我一連五十餘年的戲劇生涯。

民國四十年，我考進了政工幹校，畢業後，又分發至海軍總部工作，我們就分散了，很少再見面。

民國五十八年，我由台視轉入中視公司工作，良騏已自軍中退役來找我，說他在軍中演了不少年的舞台劇，很會演戲，希望我能安排他上電視，我當然一口答應了，並推薦他做我製作電視劇的劇務，你和一些演員混得很熟，什麼樣的角色，請什麼人來演最合適，你確實幫了我不少忙，誰知你嗜愛打牌、賭博，……結果離開了公司。但不做劇務，你有不少電視演出的機會，雖不是中視的基本演員，但遊走三台，有更多的演出機會。

二、

因爲你在軍中服務多年，有終身俸，生活不用發愁，演戲的酬勞，等於額外收入，應該可以成家立業，但交了一些女友，最後總是缺少臨門一腳，很多演藝圈的朋友，結婚發你喜帖，你總是送上一份厚禮，臆想有朝一日，你結婚時，送出去的禮會收回來，誰知年復一年，你送了不少禮出去，總是有去無回。有一年，有人發起爲你做壽，慶祝你六十大壽，那天，在中山堂，我也去喝了你的壽酒，大家都說：希望早日喝你的喜酒。

三、

到我倆已進入七十高齡時，我的小孩已長大結婚，有工作可以賺錢了，過去過年的時候，你來我家吃年夜飯，你都給孩子們發壓歲錢，如今小孩們已長大，過年時，他們給我「壓歲錢」，也給你「壓歲錢」，你堅持不肯收，還是我勸說了一番，你才肯收，好像，你是個聖誕老人，只有你送禮給別人，不准別人回饋。

自從大陸開放以後，你準備了不少禮物，眞像「聖誕老人」一樣，回鄉去大送禮，人人有份，光金戒指就送出了廿幾個，你的繼母從小就虐待你，在你心中留下難忘的痛苦回憶，但你回去時，還送了她一對金鐲子，你說，後母很受感動，很愧疚，不該小時候老打你，害你在家不願再待下去，未成年，就從軍去到台灣。

前兩年，你說台北的房租太貴，而年歲大了，演戲的機會大爲減少，爲了收支平衡，特由台北移居到台中去，住在安徽同鄉會，可以不用付房租，從此過年過節，我家雖少了你這位「常客」，孩子們還是常惦記提起：「史伯伯，怎麼今年沒來吃年夜飯？」

好像是八十九年，你突然打電話告訴我，你要結婚了，說是回大陸時，友人給你介紹的，新娘子卅幾歲，一點也不嫌你老，但爲了使別人不在背後說閒話，你專程由台中到台北來，準備找整型醫生給你整容，使自己變得年輕些，我就勸你，新娘子不覺得你老，何必整容呢？你接受了我的意見，就沒去整容。

我發覺你像尋找到了春天一樣，說話的口氣，充滿了喜氣。我深感老天爺幫忙，終於讓一個七十多歲的老人，領受到結婚的快樂。

九十年，你眞去到了大陸，只是聽說，沒結成婚，又變了卦。誰知前兩天，我突然接到以前老同事楊桂安打來的的電話：「良騏到大陸結了婚，婚後不滿三個月，就病倒住院，在醫院住了一個多月，就去世了。」

聽到這樣的電話，我一夜都沒睡著，往事歷歷湧上心頭，你老家在安徽，結果卻死在廣東的台山，死的那一天，正是我們台灣選舉立委投票的那一天：九十年十二月一日。

良騏！我沒想到，結婚害了你，…若是你不回大陸去成婚，你也許不會離開我們，我知道，你在台灣，還有不少老朋友不知這一噩耗，特撰此文悼念你。

安息吧！良騏，你還是完成了人生的終身大事才走的，不虛此生。

——91・3・3青年日報發表

八、小說散文

人生旅程

一、

在淡水一片綠草如茵的高爾夫球場上，一群財團、企業界的名人，經常在此舉行友誼性的球賽。

馮虎臣是一個建築業界的強人，他主持的馮氏機構，這幾年來，緣於他的精明幹練，經營得一帆風順，每年盈餘的金額，直線上升。最近，他的掌上明珠馮逸竹，又與銀行界的鉅子黃董事長浩然的長子黃洪哲締結了良緣，眞是如虎添翼，前途充滿了一片璀璨明亮的遠景。

今天，在一次驚險的比賽中，他又以高超的球技，打出了最漂亮的一桿，獲得了比賽的冠軍，在興奮愉快的歡呼聲中，他以凱旋者的姿態，歡宴參與比賽的友輩，杯籌交觥，多喝了幾杯，終於醉了，始被送回家去。

虎臣的太太金枝，較虎臣小十歲，她出身貧寒，雖讀書不多，卻勤儉持家，相夫教子，是一難得的賢妻良母，她爲虎臣生了一兒一女，女兒已出嫁，兒子逸德，亦已出國留學，如今在台就剩她與虎臣二人生活在一起，見虎臣酩酊歸來，親自照料侍候，毫無怨言。

虎臣是大陸淪陷兩年後，經過千辛萬苦，長途跋涉，才逃抵廣州深圳，後冒生命危險偷渡封鎖線成功，才輾轉來到台灣，當時是孑然一身，依靠做泥水工的舅舅維生，一年後，舅舅在工地意外喪亡，他就靠自己獨自努力奮鬥，由泥水工、工頭，最後成爲建築公司的大老闆，這卅多年的經歷，眞可說是艱辛備嘗。

在人生的戰場上，馮虎臣雖打過不少的勝仗，但也難免會遇到挫折，在人情冷暖、世態炎涼的現實社會中，使他確立了鐵面無情的人生觀，對待部屬，缺乏溫情與笑容，是個一切以公司爲主的董事長，對待子女，則是個嚴肅而獨斷專制的父親，對待朋友，完全以有無利用價値爲訂交的條件，否定世間有純情友誼之存在。

當年與他一起逃離鐵幕的夏秉和，可說是生死之交，因爲他曾在機鎗的掃射中，救過虎臣的性命，但是，這些年，夏秉和有鑒於馮虎臣的一股志得意滿不可一世的神情，以及唯我獨尊的處世觀念，已逐漸與之疏遠，不再來往，夏秉和現在任職一家中學，當教務主任，過著淡泊自如的生活，雖沒有大富大貴，但粗茶淡飯，恬然自得，與虎臣正好成爲兩種不同的典型。

這一天，虎臣公司的孫秘書，來向馮董事長報告，說有一位會計先生有挪用公款造假帳的嫌疑，總經理本擬予警告處分，但董事長認爲非開除不可，決不可稍予寬容。事後，調查證據不足，有冤枉的情形，被開除者，請求能復職，也遭董事長駁斥，決不收回成命。

這一事件發生後，夏秉和專誠來拜訪馮虎臣，原來當初該會計即是其所介紹來公司工作，既事屬冤枉，希望馮虎臣能看在多年的交情上，准該員復職，因其家累甚重，失職後生計脅迫，將陷於絕境也。

但馮虎臣斷然拒絕了夏秉和的請求，絲毫無商量之餘地，兩人話不投機，大吵一頓，遂告鬧翻，聲言從此不再來往。

馮虎臣的獨生愛子馮逸德，大學畢業後，赴美留學，虎臣希望他讀經濟、企業管理，將來學成後，可以繼承其事業，逸德不敢違抗父命，抵美後，因志趣不合，勉強就讀，結果跟不上功課，痛苦萬分，幾經掙扎，讀了一年，實在難以繼續的情勢下，中途退學回國，有意從事農業園藝，虎臣得悉後，大爲氣鬧，怒加責罵，認爲其子辜負了他的期望，逼其非再出國不可。

逸德不聽，滯留台灣，考入研究所攻讀。其時，諸親友爲之說媒，虎臣心想爲了完成終身大事，也好，誰知他心目中一些好友的千金小姐，逸德都看不上，偏偏愛上了老友夏秉和的獨生女兒夏心琪。

虎臣說什麼也不同意這門親事，逸德爲終身之幸福，據理力爭，父子之間，再度爆發了衝突，結果逸德不惜斷絕父子關係，仍然與夏心琪在法院公證結婚，結果，被虎臣逐出家門，並斷絕一切經濟支援，逸德之母，百般相勸，也無動於衷。

二、

逸德與心琪婚後，組織了小家庭，過了蜜月期，由夏秉和陪同一起回家，向父親虎臣請罪，希望父親能原諒他的違抗父命。

虎臣見了逸德心琪，餘怒未消，氣憤的將他們大罵一頓，並表示除非逸德與心琪解除婚約，否則永遠不會原諒他的不孝。

逸德只能頹然而退。

虎臣之女逸竹，婚後的生活並不幸福，原來其所嫁之丈夫黃洪哲是一富家子弟，吃喝嫖賭，無所不能，近又愛上酒女，另結新歡，逸竹無法忍受其折磨打罵，聲請離婚，返回娘家，馮虎臣與親家黃浩然反目成仇，由親家變成了仇家。

正值能源危機，經濟恐慌，房屋銷售不景氣的情勢下，因著資金週轉失靈，親家黃浩然的不再相助，使馮虎臣的事業，受到了空前的挫折與打擊！

正在此時，忽然，傳來逸德發生車禍，被摩托車自後撞擊倒地，因腦震盪而昏迷不醒！

馮虎臣得訊後，趕赴醫院，殊爲痛心，原來，逸德昏迷已三天未醒，心琪恐虎臣不諒解，不敢立即通知其父母也。

虎臣為救愛子性命，不惜代價，立即為之轉入大醫院急救求治，務求能將其子生命奪回，誰知遲了一步，經多次努力，逸德清醒了剎那，未及言語，即瞌然而逝。

虎臣傷心之餘，痛罵心琪是一掃巴星，害死了他唯一的愛子，他一輩子也無法原諒她……

夏秉和也深感歉疚，嘆說：「這一切皆是命運，不能責怪心琪」，虎臣那裡聽得進去，掉頭拂然而去！喪葬之事，也不予聞問。

虎臣之妻，自愛子去世後，終日以淚洗面，責怪虎臣不該如此冷酷無情，希望能將心琪接回，視之自己的女兒看待，以作心理上愧對愛子稍作補償，虎臣堅持不肯，夫妻之間大吵一場，結果，妻子心臟病突發，一命嗚呼，也離開了虎臣。

三、

虎臣雖喪失了愛子與妻子，在事業上也遭受打擊。

但在商場上，他依然獨力奮鬥不懈，在逆境中掙扎，雖備極辛苦，然憑著他的機智、才幹，仍然有驚無險的度過了難關。

這一天，公司召開股東大會，盈餘總額打破了歷年的最高記錄，過去，與之反目成仇的親家黃浩然，又與之言歸於好，再予以大力支持，其女兒逸竹與黃洪哲也再度復合，眞應驗了商場上所說的：「商界無永久的仇人」。

有人願意爲馮董事長說媒，再娶一個更年輕的太太，在人生中尋找第二個春天。

在勾心鬥角中，馮虎臣也不免躊躇起來，他發現身邊沒有一個眞正的朋友，像過去的夏秉和一樣，可以說一些他要聽的眞心話，與夏秉和已多年不見了，夜半夢回，他覺得自己不該失去這樣的一位老友，然而爲了自尊，他又不想回頭去找他，自討沒趣。

有一天，他在外參加一個應酬回來，酒多喝了幾杯，回家後，突感腹痛不已，由傭人召來大夫醫治，他已昏厥了過去。爲恐發生不測，急送醫院診斷。

爲之診治的康大夫，發現馮虎臣竟罹患了胃癌，且情況嚴重，至少只能再活半年。

這眞是一個晴天霹靂！

……

四、

馮虎臣得了癌症的消息，很快的傳遍了整個公司。一些同仁，均在背地裡竊竊私語。有的人在關心公司的未來前途，有的人同情董事長的處境，有的人則在幸災樂禍，暗中發笑，認爲名利都是空的，還是健康最重要。

馮虎臣如今六十才出頭，精力旺盛，他覺得人生的旅途，他至少還可以活廿年，娶一個年輕的太太，再生一個兒子，並不是不可能的；憑著多年的人生經驗，他深信，只要有信心，這一切都不是不可能的！

在孫秘書的努力下，一位符合馮虎臣理想條件的女士潘綺年出現了。她不特貌美，而且才幹、溫柔、體貼，樣樣都比以前的金枝強上多少倍，馮虎臣已爲之入迷了，但潘綺年對馮的求婚，卻並未貿然接受，表示要考慮一段時日，因她雖是老處女，且早已卅歲出頭，但總覺得馮的年紀似乎太大了一點，使虎臣急得如熱鍋上的螞蟻一般。

逸竹得悉後，竭力反對父親再婚，說潘綺年故作姿態，且存心不良，意在奪取他的財產，虎臣的親家黃浩然，也反對虎臣與潘結合，說潘心性浪漫，有不少男友，將來必然紅杏出牆，虎臣既有意續弦，他願介紹自己的親妹妹給他。

潘綺年天天來探望虎臣，主動表示願意與虎臣共生死，以示眞心相愛，而親家公黃浩然竭力反對虎臣結婚，說這樣會死得更快。

虎臣經過了一段日子的療治，出院回家休養。不再過問公司的事，他有堅強的毅力，他相信，癌症也非不治之症，可以治得好的！

他暫且拋開一切，去鄉間一處幽靜的別墅小住。

他開始把自己這一生的經歷，作了一番思索：

在人生的旅途中，他過得幸福、愉快嗎？

他想得到的財富、事業、權勢，他都得到了。

他應該是幸福、愉快的。

生活上的享受，地位的受人尊重，金錢上的獲得，商場得勝後的滿足，他都擁有過，他應該沒有什麼遺憾的。

然後，他想到了自己的愛子逸德，他在地下，另一個世界裡，是否會恨他？

他想到了妻子金枝，在地下另一個世界裡，是否肯原諒他的固執！……

可能，他們都不肯原諒自己……

喔，還有，當年的生死之交，夏秉和，真不該與他斷絕來往的，爲什麼要這樣的意氣用事，既然逸德娶了他的女兒，這又有什麼不好呢？……何必一定堅持逸德非娶一個有錢人家的千金不可呢？……

你看，如今環繞在周圍的朋友，都是一些酒肉之交，當他們知道我得了癌症以後，態度全變了。呀，難道我失去了健康，這些朋友也都失去了嗎？

馮虎臣想到了這裡，他傷心的流下了眼淚。這一段日子中，他發現了潘綺年的不少缺點，決定與之不再來往。

他決定不要顧忌自尊，去找夏秉和和心琪，希望在他去世以前，能恢復這一段珍貴的友誼。

他找到夏秉和服務的那個學校，才知道夏秉和已因病離開了那個學校，再按址找到他住的地方，又發現他已搬了家，但從鄰居的口中，得知夏秉和是中了風，半身不遂多年，現已遷往效外，住在一位遠親家中。

幾經跋涉，馮虎臣終於在一鄉間破屋中，找到了夏心琪，在昏暗的房屋中，心琪告訴他，其父已去世，虎臣向心琪表示了歉意，並承認自己錯了，不該這樣歧視他們父女，希望心琪能原諒他，回家去與他共度晚年。

心琪冷淡的回絕了虎臣的好意！

她承認自己是掃巴星，不但害死了逸德，如今父親也死了，更不敢再去馮虎臣同住，以免又貽害馮虎臣。

心琪下了逐客令，虎臣只好黯然而返。

五、

虎臣失望歸來後，心情悶悶不樂，病情日甚一日。

康大夫獲悉其心事後，勸勉其不妨暗中相助心琪，不必說明是自己，心琪當會接受，且人生在世：「助人爲快樂之本」，施比受更有福也。

馮虎臣從來只知道「求人不如求己」，他不知道「助人」，只知道「自助」，從不做慈善事業，如今，生命的旅程，即將抵達終點，留下金錢，又有何用，不妨「助人」，試試看，是否能獲得一些樂趣。

他透過夏心琪的親戚，先給心琪介紹了一份待遇好的工作，這時，他才知道，逸德死時，心琪已有身孕，逸德死後，她獨力辛苦扶養此一遺腹子，加上其父之半身不遂，眞是艱苦的挑起生活的重擔！

虎臣想起當年自己的冷酷無情，不禁汗如雨下，愧疚頓足，自責不已，接著聽到心琪扶養了他的孫子，又不免欣然心喜！

他迫不及待急於見孫兒一面，因而再度去心琪住處。

康大夫也志願隨他同去。

馮虎臣來到夏心琪居處，說明來意，心琪恐其奪去愛子，堅不開門！虎臣聲淚俱下，懇求體念其已不久人世，允見孫兒一面！哀哭聲中，突目眩頭昏而倒了下去。

心琪在康大夫之說明下，才把門打開。

但虎臣依然昏厥中。

在送醫途中，康大夫向心琪說明了一切，心琪這才軟化了，不再拒絕回家去與馮老同住。在病房中，經過了急救，虎臣雖已醒了過來，但雙眼視力減退，眼前人物，已看不清晰。

心琪也覺愧疚，跪在床前，祈請虎臣諒解。

虎臣摸著心琪的手，原諒了她，他急著問：「我的孫子呢？……我要見他！」

心琪要孩子來到床前，把小手交在老人的手裡說：「麟兒，快叫爺爺！」

「爺爺！」……老人的眼眶裡，淚水奪眶而出，其餘的人，也跟著悲喜交集的抽泣起來。

——76·8·29、30大華晚報發表

龍獅大戰

龍喜愛在天上的雲中遨遊，獅子則在森林中漫步，這兩種動物，怎會引發大戰呢？萬物之中，龍和獅子，都是威猛的動物。龍喜愛在天上的雲中遨遊，獅子則在森林中稱王，這兩種動物，怎麼會引發大戰呢？……小朋友，你想聽我講這個有趣的故事嗎？

龍王的九個兒子

龍自從與鳳結爲夫婦以後，接連生了九個兒子，這九個兒子，長得都不一樣，每個人的個性、愛好也不相同。現在，我先把他們的名字和性格，向大家作一番介紹。

老大叫贔屭（音貝喜）長得和烏龜有些相似，他力氣很大，喜歡背馱很重的石碑，走來走去。

老二叫螭吻（音吃刎）長得如鳳鳥一樣，喜歡在屋頂上瞭望，俯瞰四方。

老三叫蒲牢（音捕勞）長得與龍相似，喜愛引吭高歌，聆聽鐘的聲音。

老四叫狴犴（音幣岸）長得像虎頭，相貌威武，喜愛辯論是非，執法如山。

老五叫饕餮（音滔帖）形狀有些怪異，他性好美食，懂得烹調，樂於嚐吃各種不同的滋味。

老六叫趴蝮（音葩夏）形如水中的蛟龍，喜歡在水中嬉玩，隨波逐浪，樂此不疲。

老七叫睚眦（音崖債）長得如同虎口，好勇善戰，喜歡舞刀弄劍，與人一決勝負。

老八叫狻猊（音酸倪）外形如同小獅一般，面惡心善，性和順，有慈悲胸懷。

老九叫椒圖（音蕉徒）形狀如同獅面，較內向，不喜歡與人親近，愛好閉關自守，很少與外面的人接觸。

日子一天天過去，龍王生的九個兒子，又漸漸長大。做父親的深深瞭解九個兒子不同的性格與愛好，分別讓他們擔任不同的任務，發揮每個人的專長，使龍王的部落，日益強盛壯大起來。

龍王因七子睚眦好勇善戰，要他統帥陸軍；六子趴蝮喜愛嬉水，隨波逐浪，就要他指揮海軍；二子螭吻喜歡登高瞭望，俯瞰四方，就要他負責空軍；至於看守邊關的任務，交由九子椒圖來擔任；長子專門負責後勤交通運輸的任務，五子饕餮，則督導糧食補給的工作，四子狴犴，執行司法的審判及牢獄的看守，三子蒲牢則掌管音樂文化，調劑大家身心康樂，八子狻猊，推行宗教活動，實施心靈改革，俾到處一片祥和。

九個龍子，大家都能執行自己的工作，彼此合作無間，使龍王治理的國家井井有條，大家都生活在幸福快樂之中。

兇暴的獅子王

這時，在動物野獸的另一個世界裡，有一個獅王。牠自認身強力壯，打敗了森林中不少體弱瘦小的動物，施行「強食弱肉」的政策，凡是不聽牠命令，不向牠臣服的動物，就進行追捕吞噬，決不允許牠們再生存在森林中。

起初，有些動物，爲自己的生存，拼命自衛反抗，但是因爲難敵牠的利爪，最後，無可奈何只能向獅子屈膝投降。

原本只是一些弱小的動物如鹿、羊、馬、等，歸順於獅王的威嚇下，漸漸的，一些強悍的豺、狼、虎、豹，也歸順在牠的獅掌之下，跟著到處欺負弱小，許多動物都生活在恐懼中。

獅子在森林中，終於登上了「獅王」的寶座，大家尊稱牠爲「百獸之王」。

但是，百獸並不包括「龍」在內。

有人就向獅王建議，應該向「龍王」挑戰，一併征服才對、狐狸向獅王獻計說，要打敗龍王，可用「離間計」，就四下散佈傳言說：「龍有九子，將來誰也不一定能繼承王位！」

這一計，果眞破壞了龍子之間的感情，大家不再同心合作，每個人都爲自己的前途打算起來。

在一次龍獅大戰中，龍王這一方，果眞節節敗退，非常危險，眼看就要敗下陣來。

族群融和的力量

龍王整天在宮裡左思右想，要如何九個龍子恢復從前的和睦，並且集合大家的力量來除掉兇暴的獅子王。經過不斷的思考研究，他心裡有了新的靈感，便把九個兒子召集在一起，開了一個重要的軍事會議。

他要大家不用害怕，如今要想打勝這一仗，除了要團結合作以外，更要緊的是能做到「族群融和」！

「什麼是族群融和呢？」老大問道。

「族群融和，就是把族群同類，拉在我們這一邊，這樣，不但增強了我們的聲勢，同時也壯大了我們戰鬥的陣容。」龍王回答著。

「誰是我們的族群同類呢？」老二螭吻問道。

「就以你來說吧，你除了在空中瞭望外，可以把空中的飛禽，如老鷹、貓頭鷹、蝙蝠、鴿子都拉到我們這一邊，這樣，無論攻擊、通信、日夜守望，不都增加了力量嗎？」

龍王一邊回答著，一邊望著老六趴蝮說：「你負責海軍，可以把水中的蛟、蛇，甚至烏賊、海豚，拉攏到我們這一邊，打起水仗來，聲威就可以大震。」

老大、老二、老六都點頭表示可以做到。

接著，龍王又吩咐老大、老二、老三、老五說：「老大，你負責交通運輸，應該把大象、駱駝、蝦兵蟹將也拉過來。老七睚眦，你統帥陸軍，就應該把有武器的動物，也組織起來，如毒蠍、蜜蜂、毒蛇、壁虎、蜥蜴，他們動員打起仗來，比刀劍還管用。……老三蒲牢，你可以運用音樂，把蟬、青蛙……等動物，號召在一起，製造噪音，擾亂對方的軍心。老五饕餮，打仗補給十分重要，你該請人類多種稻麥五穀，同時設法充實其它食品呀！」

龍王說完後，四子狴犴、八子狻猊、九子椒圖，齊問父王說：「那我們三人如何去做『族群融合』呢？」

龍王想了一下，四子是看守牢門的，八子是宗教活動的，九子是把守邊關的，一時也想不起來他們該怎麼辦？過一會兒，龍王有了新的點子，他對四子狴犴說：「你的相貌，和虎頭相像。」又對八子狻猊、九子椒圖二人說：「你倆的相貌和獅子相類似，你們不妨設法喬裝改扮，混進敵人的陣容，做說服拉攏的工作，這樣，你們的貢獻更大。」

龍王最後給大家打氣說：「你們若能認眞做好我交付你們的工作，我相信這一次出發，你們一定可以反敗爲勝。」

龍、獅再度交鋒，大戰的結果，龍王果眞打敗了獅王，獲得了空前的勝利，讓獅子王再也不敢驕傲。而龍王的九個兒子經歷這次大戰，更能彼此尊重、分工合作、同心協力治理國家，動物們從此愉快的漫步在森林裡，過著愉快安樂的日子。

「圖謀惡事的，心存詭詐；勸人和睦的，便得喜樂。」（箴言十二章20節）

——87·6·28～7·4基督教論壇報發表

晨操

爲了增加運動量，最近，每天一早，我就去體育場做晨操。參加晨操的人不少，有男有女，但以上了年紀的老人佔多數。

做團體操，要整齊劃一才好。偏偏有一位矮胖的老太太喜歡找人談話，晨操時她一會兒跟左邊，一會兒跟右邊，甚至有時候和後邊的人聊個沒完沒了，她好像不是來做晨操，只是來找人聊天似的，……我心裡有點討厭她，卻又不便當面指摘她。

另外有一位老先生，瘦高個子，與那位胖太太恰好成了強烈的對比，他獨來獨往，從不與人搭訕、打招呼，做晨操的時候，全神貫注，做完就悄然離去，我覺得這才是眞正來做晨操的態度，暗地裡表示讚賞。

有一天，那位矮胖的老太太和那位瘦高的老先生，均先後接著好幾天都沒來做晨操，那些太太個紛紛關心地探問，那位胖太太是否病了？還是出了什麼意外，怎麼突然缺席了呢？而對那位瘦高的老先生沒有來做晨操，只是感到奇怪，並不表示關心。

隔了幾天，那位矮胖的太太，又來做晨操了。她說她出國旅遊去了，旅途中，見聞了不少有趣的事情，聽得那些太太又高興又好笑，熱鬧成一團。

又過了幾天，那位瘦高的老先生也回來參加晨操了，但誰也沒問他去了那裡？他依然是默默地來，悄悄地去，大家似乎完全忽略了他的存在。

這兩人不同的遭遇，給了我一份感悟：人與人之間，多接觸交談，會贏得友誼、溫情與關愛；少接觸、交談，把自己在群體中孤立起來，將會使自己更寂寞孤單。

我開始喜愛那位矮胖的太太，不再討厭她了。而對那位瘦高的老先生，眞想勸他不妨改變一下作風才好。

——87·5·5活水文薈發表

談距離

一、

「距離」，一般而言，是指兩地相隔的遠近而言。相隔的遠，就是距離大，相隔的近，就是距離小。

然而，「距離」，也可以指時間的間隔，如這件事發生在十年前，距離現在，就很遠，如若發生在昨天，距離現在就很近。

車輛行駛中，因都使用馬達，速度很快，所以，在高速公路的車輛後面，我們常可以看到「保持距離、以策安全」，若車輛中間，沒有距離，就容易相撞，產生車禍。

車與車之間，需要保持距離，也就是保持一「彈性的空間」，而人與人相處，也最好保持適度的「距離」，才不會發生摩擦與衝突。所以，古人說：「君子之交，淡如水⋯小人之交，甜如蜜。」確有道理。

二、

「距離」的遠近，原是可以丈量的，但也並非「絕對」，只是「相對」的說法。幾何學上說：「兩點之間，最短的距離，是直線。」，這似乎像「一加一等於二」一樣，不容人懷疑或反對。

前一陣子，全國上下爲興建核四的問題，爭議不決，陳水扁總統在出席宜蘭旅北同鄉會的新春餐敘時，他說：「有時候，兩點之間，最近的距離，不一定是直線。就像台北到宜蘭，經由北宜公路九彎十八拐，可能比較近。」

在直線行不通時，曲線是可能距離比較近的。

好些年前，歐洲某一雜誌，徵求一最佳答案，題目是由英國的倫敦到法國的諾伐，這一個在崇山峻嶺中的小村莊，沒有飛機場、火車站、公路可以通達，要怎樣走法，路途最短？獎金很高，許多人應徵。最後揭曉結果，最佳的走法，不是搭何種交通工具，而是找一良伴，結伴同行，因爲有了好的伴侶，再遠距離的路，也變得很近，轉瞬之間，就可抵達。

美學理論家瑞士的愛德華·布洛(Edward Bullaugh)他提倡說：「心理的距離」是創造和欣賞美的一個基本原則。他認爲實際和實用的東西不美，可是一旦拋開實際和實用的意義，而以超然態度觀賞它的形象時就美。例如：大海的波濤要呑噬人的生命，不美；但把這一波濤，放一定距離之外，加以觀賞，就美。然而距離太遠，看不清楚，也不美。

所以，既要超脫，又要有切身的感受，這就是「距離」的矛盾處，怎樣恰當地處理這一矛盾，是藝術家和觀賞者的任務。

三、

一個民主的國家，擁有不同的政黨，這些不同的政黨，也必然有不同的政策和意見。如何把不同政黨，意見上的「距離」，加以縮短，是執政黨的責任，這就要靠「溝通」、「協商」，來拉近距離，縮小衝突與摩擦。否則，彼此堅持已見，……形成冰炭不能相容，就美學觀點來說，那就不美了，就國家前途來說，也將陷人民於動盪不安之中。

一條船，要通過驚濤駭浪的大海，安然抵達彼岸，必須船上的人，彼此心中沒有「距離」，同舟共濟；猶如一次長途的旅行，必須有同心的「良伴」，同一的道理。

陳水扁總統以繩索的兩端爲例說：「一條繩子，雖然是直的；但將頭尾兩端合起來，其實是圓的。」

圓的曲線，似乎比直線更沒有「距離」。

——90·4·15青年日報發表

談風箏

一

春天來了，我們放風箏去！

這是童年時，最難忘的一件事。那時候，學校裡有「勞作」課，老師就教學生自己做風箏。

作法是先將細竹片，紮成長方形的骨架，然後用漿糊糊上薄棉紙，再在四角繫上長線，下方黏上幾條長的紙條。在空地上，乘著風勢，就可以飛上天。

記得，幼年家鄉，附近有城牆，我與兩個妹妹，常去城牆上放風箏，同時去放風箏的人很多，風箏的式樣有蝴蝶、魚、蟲、獸…等，更有大形的蜈蚣風箏、龍的風箏，長很多環節，放上藍天，眞是壯觀。

五代時，李鄴在風箏上繫以竹笛，風吹入笛中發出聲音，如箏鳴，故名「風箏」。

二

中國最早發明風箏的人，是春秋時代的公輸班，因是山東人，後人稱他謂魯班，他是一個極爲聰明的木工，現代的木匠都拜魯班爲祖師爺。他先發明了木鳶，是用木頭做的，形式像巨鷹一般的鳶鳥，可以在天上飛行三天，用以窺探宋城，居高臨下，偵察敵情，惜現已失傳。

後墨子也研究製作木鳶，三年而飛。

到了漢朝，發明了紙，才以紙代木，作成紙鳶。

漢初，陳豨造反，漢高祖率兵親征，韓信放風箏，以測量挖地道的距離。

梁武帝時，侯景作亂，圍攻台城，羊侃放風箏告急，請求援軍！古代韓國，有一位將軍將燈籠懸掛於風箏上，以鼓舞士氣，更有人利用風箏超越溪流，拉繩築便橋。

使風箏發揮了更多的用途。

公元一七五二年，美國的富蘭克林，在雷雨交加中，因把金屬的鑰匙，掛在放風箏的線上，證明了天上的「閃」光，就是「電」，進而證明了「避雷針」，造福人群。

富蘭克林放風箏的那一年，他已四十六歲，因他只受過極短的正規教育，不知道雷電，可以把人殛死，才會做這樣的實驗，…想不到後來愛迪生因之發明了電燈，給人類帶來了「光明」！

「風箏」給人類的貢獻，可說是相當偉大的。

三

大陸上製作風箏最有名的地方是：山東的濰坊，及河北天津的楊柳青，一九九二年，我返大陸造訪新疆的香妃墓，途中經過甘肅的嘉峪關，正巧那時第三屆國際風箏大展在那裡舉行，參加的隊伍，除了中國以外，還有不少外國人士，滿天升揚的各式風箏，正可說洋洋大觀，讓我大開眼界。

在台北市，好像也舉行過風箏大賽，有些大規模的蜈蚣風箏，要好幾個人幫忙，才能升上天空，現在放風箏的繩子多用尼龍絲，不容易斷線，這種充滿的趣味民族技藝，似乎政府該像慶祝元宵一樣，大力提倡，才可顯示國泰民安的昇平氣象。

——90・3・4青年日報發表

初戀

一、

人老了，喜歡回憶往事。

民國卅四年的夏天，抗戰尚未勝利。

我因父親工作的關係，全家遷移至無錫居住，那一年，我十七歲，還在中學讀高二。因在西水關附近租屋居住，夏天炎熱，到了晚上，就在大院子乘涼，與房東太太的女兒認識，我們都喜歡唱電影上的流行歌曲，我家因買了一架「留聲機」，用手搖發條，唱片會轉動，放上唱針，就可聽到歌聲。那年頭，聽留聲機唱片很時髦，也很快會跟著唱片，唱會流行歌曲。

爲此，我那時還寫信給：周璇、白光、李麗華等明星，索取她們的親筆簽名照片，她們也都寄贈給我。那年，我已開始投稿，在報上發表小品、散文。

房東開了家中藥舖，在崇安寺內，家則住西水關黃石橋六號，我有一個妹妹，她也有一個妹妹，同年，此外，她有一個哥哥、一個嫂嫂，她和我同年，也是十七歲。

她姓賀，叫祥雲，初中畢業後，好像沒有再讀書，學做洋裁，因爲她母親和我母親，時常在她家打麻將，又同住在一個宅院內，彼此，就如同一家人一樣。

有一天，有一個瞎眼的算命先生，來賀家算命，我母親，就順便，請算命先生，把我的八字，與祥雲的八字合一合，有意先爲我倆訂婚，等我高中畢業，就完婚。那時代，十七、八歲就結婚的，不算什麼稀奇，她大哥，也不過大我兩歲，就已娶了太太，生了小孩。

算命的，說屬龍的與屬龍的，不宜婚配。……這樣，我與祥雲也就沒有訂婚，……誰知沒多久，到了秋天，抗戰就勝利了。

我和父母，就離開無錫，回老家蘇州去住了。

記得，我家把家具租了一條船，坐船從她家沿水路，一直划到蘇州，我們家前門河邊，祥雲在岸邊，和我依依話別。我們像普通朋友一樣，並未情話綿綿。

二、

在蘇州，我開始思念祥雲。一日，忽接到她的來信，信中也沒寫什麼情話，她說：很想唱「杭州姑娘」這首流行曲子，要我找曲譜，寄給她。

這是我生平第一次接到女孩子給我寫信，很高興的，立刻去買了歌本，把「杭州姑娘」

抄了寄給她。

這樣，我們雖分隔兩地，卻常魚雁往返。

高三那一年，化學老師在實驗課上，教我們自己做肥皂、雪花膏，我用心做了一罐雪花膏，托一個朋友帶到無錫去送給她，她很高興，知道我在投稿，她在一本雜誌上，看到一篇很好看的小說，就全文抄了一遍，在紙角上繡一朵花，替代釘書釘，寄給我，那篇小說很長，可能有七、八千字，好幾張紙才抄完。

那時候，我一星期，都會收到她一封信，相同的信封，相同的筆跡，父親看見後，說：「這是情書，對不對？」

我回答說：「普通信，沒有談戀愛。」

如今回想起來，那時候，眞年輕，談戀愛，不敢承認。

三、

卅八年，局勢不佳，父親因我是家中獨子，要我隨阿姨到台灣來，從此，離開無錫，更遠了。

我到台灣後，就給祥雲寫了信，她也回了信，但一封航空信，那時來回要半個多月，沒像在蘇州時，那樣方便了。

還沒有通兩封信，家鄉就淪陷，從此音訊斷絕。

在鐵幕深垂的情況下，有時，我睡夢中，夢見過她，醒來，只是一陣黯然。

從此，就結束了這樣難忘的初戀。

大陸開放後，我帶了太太，返故鄉蘇州去掃墓，回程時，藉故去無錫一行，很想再去黃石橋找她，……

但見了面，說些什麼呢？大家都老了，她已七十多歲了，……不可能再是當年的模樣了，到了無錫我躊躇再三，最後還是打消了這個念頭。

讓一切，都埋在心底吧！

附錄一 姜龍昭著作出版書目

作品名稱	類別	出版處所	字數	出版年月日
(1)烽火戀歌	獨幕劇	總政治部	約二萬	四十一年十二月
(2)奔血自由	獨幕劇	總政治部	約二萬	四十一年十二月
(3)自由中國進步實況	報導文學	中央文物供應社	約廿萬	四十九年十二月
(4)六六五四號啞吧	電視劇選集	平原出版社	約三萬	五十二年二月
(5)電視綺夢	電視劇選集	正中書局	約五萬	五十五年九月
(6)金玉滿堂	電視劇選集	菲律賓劇藝社	約十二萬	五十六年九月
(7)父與子	獨幕劇	僑聯出版社	約二萬	五十六年十二月
(8)碧海青天夜夜心	電視劇選集	商務印書館	約十二萬	五十七年一月
(9)一顆紅寶石	電視劇選集	菲律賓劇藝社	約十萬	五十八年二月
(10)金色陷阱	電視劇選集	東方出版社	約十二萬	五十八年六月

⑾故都風雲	廣播劇	軍中播音總隊	約二萬	五十九年四月
⑿孤星淚	多幕劇	僑聯出版社	約四萬	五十九年四月
⒀情旅	小說	新亞出版社	約六萬	五十九年五月
⒁春雷	小說	新亞出版社	約六萬	五十九年十月
⒂長白山上	圖書故事	新亞出版社	約六萬	六十年三月
⒃紅寶石	獨幕劇	中國戲劇藝中心	約二萬	六十年十二月
⒄長白山上（與人合編）	電視連續劇	正中書局	約五十萬	六十一年十月
⒅海戰英雄	廣播劇	總政治作戰部	約二萬	六十三年十月
⒆吐魯番風雲	多幕劇	商務印書館	約四萬	六十五年六月
⒇眼	多幕劇	商務印書館	約四萬	六十五年十二月
(21)海與貝殼	小說	正中書局	約十八萬	六十五年七月
(22)電視劇編寫與製作	論著	黎明文化事業公司	約十二萬	六十五年七月
(23)金蘋果	兒童歌舞劇	中國戲劇藝中心	約四萬	六十七年三月
(24)電視縱橫談	論著	聯經出版社	約十四萬	六十八年三月
(25)一個女工的故事	電影劇本	遠大出版公司	約八萬	六十八年六月
(26)姜龍昭選集	綜合	黎明文化事業公司	約十八萬	六十八年六月

(27)電視戲劇論集	論著	文豪出版社	約廿萬	六十八年十二月
(28)電視編劇理論與實務（與人合著）	論著	中視週刊社	約廿萬	七十年三月
(29)中華民國電視事業的回顧與前瞻	論著	中國電視公司	約廿二萬	七十年十月
(30)姜龍昭劇選（第一集）	劇本	遠大出版公司	約十八萬	七十一年四月
(31)姜龍昭劇選（第二集）	劇本	文史哲出版社	約廿萬	七十七年十月
(32)姜龍昭劇選（第三集）	廣播劇	文史哲出版社	約十六萬	八十七年三月
(33)姜龍昭劇選（第四集）	廣播劇	文史哲出版社	約八萬	八十八年三月
(34)戲劇編寫概要	論著	五南圖書出版公司	約卅萬	七十二年三月
(35)一隻古瓶	多幕劇	漢欣文化公司	約三萬	七十三年三月
(36)金色的陽光	多幕劇	文化建設委員會	約三萬	七十三年三月
(37)幾番漣漪幾番情（與人合編）	多幕劇	文化建設委員會	約四萬	七十三年三月
(38)英風遺烈	傳記文學	近代中國社	約十二萬	七十三年三月
(39)武昌首義一少年	傳記文學	黎明文化事業公司	約十二萬	七十三年三月
(40)母親的淚	多幕劇	教育部	約四萬	七十四年二月
(41)最後的一面	小說	晨星出版社	約十二萬	七十五年三月
(42)戲劇評劇集	論著	采風出版社	約十二萬	七十五年五月

(43)淚水的沉思	多幕劇	教育部	約四萬	七十七年八月
(44)香妃考證研究（正集）	考證	文史哲出版社	約十四萬	七十七年十月
(45)香妃考證研究（續集）	考證	文史哲出版社	約十八萬	八十一年三月
(46)血洗天安門	廣播劇	中興出版	約二萬	七十九年三月
(47)淚水的沉思（中英文對照）	多幕劇	文史哲出版社	約四萬	八十年十一月
(48)飛機失事以後（中英文對照）	多幕劇	文史哲出版社	約四萬	八十一年七月
(49)泣血煙花（中英文對照）	多幕劇	文史哲出版社	約四萬	八十一年十二月
(50)李商隱之戀（中英文對照）	多幕劇	文史哲出版社	約四萬	八十四年十二月
(51)李商隱	多幕劇	教育部	約四萬	八十二年四月
(52)如何編劇本	論著	新中國出版社	約十二萬	八十三年四月
(53)細說流行語（第一集）	考證	號角出版社	約十萬	八十二年八月
(54)細說流行語（第二集）	考證	號角出版社	約五萬	八十三年五月
(55)細說流行語（第三集）	考證	健行出版社	約十二萬	八十五年一月
(56)細說流行語（第四集）	考證	健行出版社	約十二萬	八十七年一月
(57)細說流行語（第五集）	考證	健行出版社	約十二萬	八十八年十二月
(58)細說流行語（第六集）	考證	健行出版社	約十二萬	八十九年十二月

(59)戲劇評論探討	論著	文史哲出版社	約十四萬 八十七年五月
(60)掀開歷史之謎	考證	文史哲出版社	約十二萬 九十年十二月
(61)楊貴妃考證研究	考證	文史哲出版社	約十五萬 九十一年七月
(62)楊貴妃之謎	多幕劇	文史哲出版社	約九萬 九十二年五月
(63)回祿殘存	綜合	文史哲出版社	約十五萬 九十二年九月

附錄二

姜龍昭歷年得獎記錄

(1)四十一年編寫兒童劇「榕樹下的黃昏」獲臺灣省教育廳徵兒童劇首獎。

(2)四十二年編寫獨幕劇「奔向自由」獲總政治部軍中文藝獎徵獨幕劇第三名。

(3)四十三年編寫多幕劇「國軍進行曲」獲總政治部軍中文藝獎徵多幕劇佳作獎。

(4)四十七年編寫廣播劇「葛籐之戀」獲教育部徵廣播劇佳作獎。

(5)五十一年編寫廣播劇「六六五四號」獲新文藝月刊祝壽徵文獎首獎。

(6)五十三年編寫電視劇「青年魂」獲青年反共救國團徵電視劇佳作獎。

(7)五十四年編寫廣播劇「寒澗圖」獲教育部廣播劇佳作獎。

(8)五十六年編寫「碧海青天夜夜心」電視劇獲中國文藝協會頒發「最佳電視編劇文藝獎章」。

(9)五十六年編寫獨幕劇「父與子」獲伯康戲劇獎徵獨幕劇第四名。

(10)五十七年編寫多幕劇「孤星淚」獲伯康戲劇獎徵多幕劇首獎。

(11)五十九年四出版劇本多種，人物刻劃細膩，獲教育部頒發戲劇類「文藝獎章及獎狀」。

⑿六十年製作「春雷」電視連續劇，獲教育部文化局頒巨型「金鐘獎」乙座。
⒀六十年編寫連續劇「迷夢初醒」使「萬福臨門」節目獲教育部文化局頒「金鐘獎」乙座。
⒁六十一製作「長白山上」電視連續劇，獲教育部文他局頒巨型「金鐘獎」乙座。
⒂六十一年與人合作編寫電視連續劇「長白山上」，獲中山文化基金會頒「中山文藝獎」。
⒃六十三年製作電視連續劇「青天白日」獲中國電視公司頒發獎狀。
⒄六十四年編寫宗教話劇「眼」獲「李聖質戲劇獎」首獎。
⒅六十四年編寫電影劇本「勇者的路」獲國軍新文藝金像獎電影劇本徵文佳作獎。
⒆六十五年製作電視節目「法律知識」獲司法行政部頒獎狀。
⒇六十五年編寫多幕劇「吐魯番風雲」獲臺北市話劇學會頒第三屆最佳編劇藝光獎」。
(21)六十五年編寫電影劇本「一襲輕妙萬縷情獲電影事業發展基金會徵電影劇本佳作獎。
(22)六十五年編寫電影劇本「大海戰」獲國軍新文藝金像獎電影劇本徵文「銅像獎」。
(23)六十六年製作電視節目「法律知識」獲行政院新聞局頒巨型「金鐘獎」乙座。
(24)六十七年編寫兒童歌舞劇「金蘋果」獲教育部徵求兒童劇本首獎。
(25)六十八年編寫電影劇本「鐵甲雄獅」獲電影事業發展基金會徵求電影劇本優等獎。
(26)六十九年獲臺灣省文藝作家學會頒發第三屆「中興文藝獎章」電視編劇獎。
(27)七十年編寫舞臺劇「國魂」獲教育部徵求舞臺劇第二名，頒發獎狀及獎牌。

(28)七十年編寫電影故事「鳥棚中的奮鬥」及「吾愛吾師」雙獲電影業發展基金會入選獎。
(29)七十一年製作電視節目「大時代的故事」獲中央黨部頒發「華夏」二等獎章及獎狀。
(30)七十一年獲國軍新文藝輔導委員會頒發「光華獎」獎狀。
(31)七十二年編寫舞臺劇「金色的陽光」獲文建會委員會徵求舞臺劇本第二名及獎牌。
(32)七十二年參加教育部委託中華日報庭休閒活動徵文獲第三名。
(33)七十二年編寫電影故事「老陳與小柱子」獲電影事業發展基金會徵求電影故事入選獎。
(34)七十三年編寫舞臺劇「母親的淚」獲教育部徵舞臺劇第三名，頒發獎狀及獎金。
(35)七十四年編寫廣播劇「江爺爺」獲中華民國編劇學會頒發「魁星獎」。
(36)七十六年因實踐績效評定特優獲革命實踐研究院兼主任蔣經國頒發獎狀。
(37)七十七年編寫舞臺劇「淚水的沈思」獲教育部徵舞臺劇佳作獎，頒發獎牌及獎金。
(38)七十八年編寫廣播劇「地下英雄」獲新聞局舉辦國家建設徵文獎，頒發獎金。
(39)七十八年編寫廣播劇「血洗天安門」獲青溪新文藝學會頒「金環獎」獎座及獎金。
(40)七十八年編寫電影劇本「死囚的新生」獲法務部徵電影劇本獎，頒發獎金。
(41)七十九年編寫電影劇本「綠島小夜曲」再獲法務部徵電影劇本獎，頒發獎金。
(42)八十年製作電視教材「大地有愛」獲中國國民黨考核紀委會頒發獎狀。
(43)八十二年服務廣播、電視界屆滿卅年，獲新聞局頒發獎牌。

⑷八十二年編寫舞臺劇「李商隱」獲教育部徵舞臺劇本獎，頒發狀及獎金。
⑸八十二年編寫廣播劇「李商隱之戀」獲中華民國編劇學會，頒發「魁星獎」。
⑹八十五年配合推行拒菸運動，獲行政院衛生署頒發獎牌。
⑺八十六年推行軍中新文藝，獲國軍新文藝輔委會頒發「特別貢獻」獎座及獎金。
⑻八十六年編寫廣播劇「異鄉」，獲中國廣播公司「日新獎」。
⑼八十八年編寫舞臺劇「打開心門」獲行政院新聞局頒「劇本優勝獎」獎牌及獎金。
⑽八十八年編寫「眞情城市」電視劇大綱，獲超級電視台徵文「優勝獎」頒發獎金。